Régime crétois

bienfaits et délices

Catherine Serbource-Madani
a été assistée pour le stylisme par Mika Shimpo

Conception et réalisation : Philippe Latombe ZAAPING

Couverture : Nicole Dassonville

Photo de couverture : Alexandra Duca

Secrétariat d'édition : Sylvie Gauthier

Responsable éditoriale : Caroline Rolland

Dᵣ Jacques Fricker

Dominique Laty

Régime crétois
bienfaits et délices

Photographies

de Pierre Hussenot

et Pierre Cabannes

stylisme

Catherine Serbource-Madani

HACHETTE

Avant-propos

aujourd'hui, nous vivons plus longtemps, mais vivons-nous mieux pour autant ? Le rythme trépidant de la vie, le stress, la manière trop souvent déséquilibrée de se nourrir — trop de graisses, trop de sucres rapides — ne sont pas sans avoir de lourdes conséquences sur le corps et l'organisme. Cette prise de conscience a conduit, depuis quelques années, à rechercher d'autres habitudes alimentaires, plus saines : le régime crétois, qui associe à la fois gastronomie et art de vivre, est un modèle du genre.

Les principes en sont simples et immuables : consommer chaque jour du pain, des céréales, des fruits, des légumes frais ou secs, des fromages ou des yaourts, et des olives ; cuire les aliments et les assaisonner à l'huile d'olive ; boire de l'eau et un peu de vin rouge ; consommer plusieurs fois par semaine du poisson, du poulet, des œufs et des desserts sucrés ; apprécier trois ou quatre fois par mois seulement de la viande rouge.

À la clé : longévité et bénéfices immenses pour la santé ! Un constat fait dès le XVIIIe siècle par des voyageurs, et que corroborent les découvertes scientifiques de ce siècle. Ainsi, comme l'a montré le chercheur américain Ancel Keys dans les années cinquante, l'alimentation des Crétois n'est pas étrangère à leur longévité, nettement supérieure à celle des Américains et des Japonais. Plus récemment, Serge Renaud en France, a confirmé les résultats de cet épidémiologiste en adaptant certains des principes du régime crétois aux repas d'un groupe de patients souffrant de problèmes cardiaques.

Forts de ces constatations, nous vous proposons dans cet ouvrage des recettes d'inspiration crétoise mais en accord avec les produits de notre terroir et notre mode de vie actuel : elles privilégient en effet simplicité, rapidité et plaisir du goût. En les suivant, vous serez dans la droite ligne de l'étymologie du mot « régime », issu du latin *regimen* « gouvernement », et qui par métonymies successives en est arrivé à signifier très tôt une manière générale de vivre. Adopter ces recettes, c'est mettre tout simplement « la santé dans son assiette » !

Sommaire

La Crète, cette petite île de la Méditerranée, connut une brillante civilisation à partir du IIᵉ millénaire, qui atteignit son apogée vers 1700-1400 avant Jésus-Christ. De cette époque datent les palais dont celui, fameux, de Knossos, siège de la dynastie légendaire des Minos. Les vestiges qui en subsistent comportent des fresques qui témoignent de la vie de cour et des rituels religieux, d'une société tournée vers les fêtes. Grâce à un pouvoir dévolu au roi seul, à un système d'écriture (le linéaire A) qui permettait de centraliser et de coordonner l'activité commerciale, la Crète, après avoir développé des échanges avec l'Égypte et les Cyclades, étendait sa domination maritime sur tout le monde égéen. Un siècle plus tard, elle allait être détrônée : désormais, le modèle de la cité hellénique primerait sur l'île jusqu'à ce que celle-ci devienne colonie romaine, avant de passer sous domination arabe puis vénitienne (jusqu'à la fin du XVIIᵉ siècle), turque et grecque. Des influences diverses, dont la cuisine crétoise a su s'inspirer sans renier sa propre spécificité.

Harmonie et simplicité

Derrière le mégaron se trouvait le trésor : là s'alignaient les jarres, où le blé, l'orge, les légumineuses, l'huile, le vin, les figues étaient conservés d'une récolte à l'autre.

Paul Faure, *Ulysse le Crétois.*

Une production locale de qualité

Le visage de la Crète est marqué par la présence des massifs montagneux, que viennent rompre quelques plaines et collines. Cette diversité géographique se retrouve dans la production locale : l'élevage (ovin, porcin et caprin) est concentré sur les versants arides des montagnes ; la culture des oliviers, des figuiers et des vignes sur les collines ; les céréales (essentiellement blé, lin, sésame et orge), les légumes (concombres, courges, fenouil, radis notamment) dans les plaines. Certains de ces produits ont, depuis des siècles, concouru à faire la renommée,

Ce visage buriné et patiné par les ans pourrait symboliser à lui seul la Crète : une île méditerranéenne, où la population, attachée à ses traditions et à des principes alimentaires inchangés depuis des siècles, atteint une longévité surprenante.

Les mœurs crétoises ont peu changé depuis l'Antiquité. En raison de sa situation insulaire, la Crète est restée protégée, malgré les invasions et jougs qu'elle a pu subir au cours de l'Histoire, de la sédentarisation ou du stress, endémiques dans d'autres pays. Seule concession à la « modernité » : l'introduction des agrumes et la culture des tomates en hiver… Et si le berger d'hier est devenu aujourd'hui agriculteur, son ordinaire, lui, continue toujours à se composer des mêmes plats et à faire la part belle aux produits de l'île.

À la table des Crétois

L'alimentation comporte quatre éléments essentiels : l'huile d'olive, le pourpier — sorte de salade grasse —, les escargots et le *vlita* — légume que les Chinois appellent « épinard africain », et qui, bouilli, est servi avec du citron, de l'huile d'olive, des pommes de terre et des petites courgettes. À cela s'ajoute le pain, omniprésent. Semblable la plupart du temps à une galette séchée au four — il s'apparente alors à la fougasse provençale —, on en dénombre jusqu'à… soixante-douze variétés, confectionnées avec diverses céréales, cuites de façons différentes : pain avec ou sans levain, parfumé au pavot, au cumin, à l'anis, à la sauge, aux câpres, à l'ail, à l'oignon, aux olives, aux raisins, ou encore au lait et à l'huile, à la fleur de farine de froment…

L'ordinaire de la cuisine crétoise est à base de légumes : poivron, blettes, radis, fenouil (dont on consomme les feuilles comme le bulbe), pommes de terre, aubergines, ou encore pissenlits (*radika*) et artichauts (*stamnangathia*), qui poussent à l'état sauvage. À cela s'ajoutent les légumineuses : pois chiches, « gesses » ou pois noirs, « vesces » ou pois jaunes dit également « pois de

voire la richesse de l'île. Il en va ainsi de l'huile d'olive et du vin, dont la notoriété ne s'est jamais démentie au fil du temps, ou encore des aromates comme le fenouil, la coriandre, le cumin ou l'anis, cultivés dès l'époque minoenne.

Les Crétois privilégient une cuisine simple mais savoureuse, manger étant avant tout prétexte à partager un agréable moment. Cette frugalité va de pair avec la recherche de l'harmonie du corps, qui constitue l'une des caractéristiques de leur civilisation, comme l'attestent des représentations de femmes pugilistes, toréadors ou encore le saut périlleux de cette acrobate au-dessus des cornes d'un taureau, sur un vase retrouvé lors des fouilles du site d'Hagia Triada.

pigeon », fèves, féveroles et lentilles. Qu'ils soient verts ou secs, les légumes président à la variété des salades crétoises, que viennent relever divers aromates et condiments : origan, cumin, menthe, romarin, persil, aneth, basilic, céleri, cannelle et sauge, sans oublier, bien sûr, ail et oignons. Outre la salade paysanne traditionnelle (*salata horiatiki*), le yaourt au concombre (*tzatziki*) ou encore la soupe de haricots à l'huile (*fassolada*), le repas peut comporter des feuilles de vigne farcies au riz (*dolmadakia*), de la purée de pois chiches (*houmus*) ou de la crème de sésame (*tahini*). Un chausson au fromage (*bougatsa*) ou quelques noix viendront calmer une petite faim…

De tout temps, la mer a été source de richesses, fournissant aux habitants de l'île de nombreux poissons, dont certains sont représentés sur les sarcophages ou les murs des palais minoens. Traditionnellement, les Crétois consomment le rouget-barbet, le mulet, le loup, la rascasse, la bonite, le mérou, la sardine, l'espadon ; les anchois sont servis à part, en accompagnement d'une salade de haricots par exemple ; la

La production locale reflète la diversité des paysages : l'élevage sur les versants des montagnes ; les oliviers, figuiers et vignes sur les collines ; les céréales et légumes dans les plaines.

daurade est prisée, qu'elle soit royale (*tsipoura*), rose (*fagri*) ou grise (*sargos*) ; le thon, cru ou en conserve, est apprécié notamment en salade ; la sole est frite à l'huile d'olive. Le Crétois est également friand de petits escargots gris, préparés en sauce avec des tomates, des pommes de terre et des oignons (*hochlious stifado*), d'oursins, de crabes ou de bigorneaux. Il se régale de poulpe, ou *oktapodi*, qu'il pêche avec un trident, le *kamaki*, et de petits calmars en beignets (*kalamarakia*).

À l'époque antique, l'âne, le cheval, le paon et la poule d'eau, ou encore le renard et le hérisson ne déparaient pas la table royale. Néanmoins, la viande reste très occasionnelle. Quand les Crétois en mangent, c'est le plus souvent sous forme d'agneau ou de poulet grillés avec des aromates et accompagnés de légumes crus, de brochettes arrosées de citron (*souvlaki*), de boulettes de viande épicée (*keftedes*), de bâtonnets de viande hachée, frits et servis avec une sauce piquante aux oignons, tomates et poivrons (*souzoukakia*), ou encore de *pastitsio*, sorte de gratin de macaronis et

viande hachée avec tomates, fromage et béchamel, témoignage manifeste de quatre cents ans d'occupation vénitienne. Il arrive également que le repas accueille une fricassée de chevreau au fromage, légumes verts et fenouil, un lapin parfumé de jus d'orange, de cannelle, laurier et clous de girofle ou cuit à l'estouffade (*stifado*).

Avec ses différentes régions vinicoles qui fournissent des vins tanniques, aux vertus bénéfiques attestées, la Crète est sans conteste la protégée de Dionysos. Elle n'hésite d'ailleurs pas à célébrer ce dieu du vin, tous les ans, à l'occasion de festivals ou fêtes de village.

Les fromages sont fabriqués à partir du lait de brebis ou de chèvre et caillés avec du jus de figue. Le *mizithra*, fromage de chèvre assez semblable à la ricotta, se mange frais ou sec et est employé dans les tourtes ; le *staka*, lui, se tartine ; la feta, fromage de brebis, accompagne parfaitement une salade de melon ou de pastèque aromatisée à la menthe et fort bienvenue après la sieste. Quant aux yaourts, dont la consistance est proche de celle de la crème fraîche, ils entrent dans la confection des sauces ou s'apprécient nature, juste sucrés au miel.

Les *kalitsounia*, confectionnés avec du fromage de brebis frais, sont servis à Pâques ; comme les autres gâteaux, ils n'apparaissent à la table des Crétois qu'à l'occasion d'un repas de fête.

C'est d'ailleurs dans les gâteaux que se retrouvent l'influence turque et arabe : des baklava mais aussi des beignets au miel (*loukoumades*) et des biscuits à l'huile d'olive frits et recouverts d'un sirop composé de miel, cannelle, noix, sésame et clous de girofle (*xaratigana*).

Au cours des repas, les Crétois se désaltèrent avec de l'eau et du vin rouge, fruité et généreux, qui se conserve plusieurs années dans des jarres de terre, et dont les tanins possèdent des propriétés antioxydantes. Quatre grands crus sont à noter : *archanes, peza, dafnes, sitia*. Quant au raki, une eau-de-vie de raisin blanc, il est bu à l'apéritif, lors des manifestations qui rythment la vie de l'île. Plusieurs villages organisent ainsi des fêtes autour de leur production agricole : on chante la châtaigne à La Canée, le raisin à Sitia où les *sultanine* (vendanges) sont célébrées tous les ans entre le 19 et le 22 août…

Le café, enfin, sonne la fin du repas ; préparé à la turque, il se boit sans sucre (*sketo*), peu sucré (*metrio*) ou très sucré (*gliko*).

Plusieurs fois par an, les Crétois observent une trêve alimentaire : les 40 jours qui précèdent Noël, lors du Carême (avant Pâques) ainsi que du 1er au 15 août, fête de l'Assomption. Au cours de ces périodes de jeûne, ce sont essentiellement les aliments « à sang » qui sont évités : les viandes et les volailles sont remplacées par les œufs ; les poissons, par les escargots et les fruits de mer.

Nourriture simple, privilégiant des préparations sans complications qui exaltent la fraîcheur des produits et présente de grandes vertus, la cuisine crétoise traditionnelle démontre que la gourmandise peut faire bon ménage avec la santé. Cependant, conséquence d'une ouverture au tourisme, le mode de vie en Crète s'est trouvé bouleversé depuis une trentaine d'années : la consommation de fruits, de pain et d'huile d'olive a cédé le pas au profit de celle, plus importante, de fromages et de viande… Ayant pris conscience des désagréments qui en découlent (augmentation notamment des risques cardio-vasculaires), les jeunes Crétois d'aujourd'hui redécouvrent les vertus du régime de leurs ancêtres.

Les murs du palais de Knossos sont ornés de fresques, témoignages d'une riche civilisation. Ce saut acrobatique au-dessus d'un taureau, animal mythique, évoque autant un goût pour l'exploit sportif qu'un rite.

On assiste ainsi à un retour en force du jeûne, en réaction à l'alimentation moderne. Paradoxe des paradoxes, « le régime crétois » devient branché en Crète.

Quand gastronomie et recherche scientifique se rencontrent

La cuisine crétoise traditionnelle repose sur des principes simples :
• consommer chaque jour des fruits et des légumes frais, du pain, des aliments d'origine céréalière ou des légumes secs, du fromage ou des yaourts, et des olives ;
• cuire et assaisonner à l'huile d'olive ;
• boire de l'eau et un peu de vin rouge ;
• consommer plusieurs fois par semaine du poisson, du poulet, des œufs et des desserts sucrés ;
• apprécier, trois ou quatre fois par mois seulement, de la viande rouge.

Une cuisine à l'allure bien appétissante et qui a la particularité d'intéresser la science depuis plus d'un demi-siècle. Pourquoi? Parce que les chercheurs ont été frappés par la longévité exceptionnelle des Crétois, et qu'ils ont voulu en connaître la cause. C'est à l'occasion de cette recherche qu'ils se sont rendu compte des bienfaits de la cuisine crétoise.

En 1948, une équipe de chercheurs américains est envoyée en Crète avec pour tâche l'observation très approfondie d'un foyer sur 150 afin de décrire le mode de vie, l'état de santé et les habitudes alimentaires des Crétois. Ces chercheurs comparèrent ensuite la consommation alimentaire des Crétois à celle des Américains. Il apparut que les premiers ne mangeaient pas moins gras que les seconds, mais que l'origine des matières grasses était tout à fait différente : alors qu'aux États-Unis, ces dernières étaient en grande partie d'origine animale (viandes ou produits laitiers, beurre, œufs, pâtisseries, crèmes glacées, biscuits, etc.), en Crète elles proviennent majoritairement (à près de 80 %) des olives et de l'huile d'olive.

Autre constat : les Crétois mangeaient nettement plus de légumes secs et d'aliments d'origine céréalière (le pain), sources de protéines végétales, et nettement moins d'aliments riches en protéines animales tels que la viande, les œufs ou les produits laitiers. Surtout, ils consommaient près de deux fois plus de fruits et de légumes que les Américains.

Parallèlement, l'état de santé des Crétois était globalement excellent, sauf dans certains foyers aux ressources économiques particulièrement faibles. Quelques années plus tard, en 1952, une étude compara les habitudes alimentaires et les risques de maladies cardio-vasculaires de sept pays : les États-Unis, la Finlande, la Hollande, le Japon, l'Italie, la Yougoslavie et la Grèce, en différenciant pour ce dernier pays l'île de Corfou (située entre l'Italie et la péninsule hellénique) et la Crète (en mer Égée, à l'extrémité sud de l'archipel des Cyclades). Cette étude allait suivre de façon précise l'état de santé de 13 000 individus répartis dans ces sept pays pendant plus de vingt ans, les répercussions des habitudes alimentaires sur l'organisme n'étant jamais immédiates.

Les résultats furent riches d'enseignements, notamment en ce qui concerne la mortalité par maladie coronarienne et par infarctus du myocarde : ainsi, sur 100 000 habitants, on dénombrait en dix ans 9 décès d'origine coronarienne (la « crise cardiaque ») en Crète pour plus de 400 (soit près

Les pains font traditionnellement partie de l'alimentation crétoise (ici, une boulangerie de Rethimnon). Confectionnés avec diverses céréales et cuits comme des galettes, ils ont des saveurs très différentes : parfumés au cumin, au pavot, à l'anis, aux olives... Ne soyez pas étonné si au restaurant ou dans les tavernes leur prix figure dans l'addition.

de 50 fois plus !) aux États-Unis ou en Finlande ; à Corfou ainsi que dans les autres pays méditerranéens (Yougoslavie, Italie) ou au Japon, les décès étaient moins élevés qu'aux États-Unis, mais nettement supérieurs à ceux de la Crète.

De plus, ce n'est pas uniquement au niveau du cœur, mais de façon globale, que la population en Crète paraissait miraculeusement protégée : la mortalité toutes causes confondues y était, après quinze ans, presque trois fois moins élevée qu'en Finlande et deux fois moins qu'en Italie ou au Japon. Le cancer, par exemple, apparaissait deux fois moins fréquent qu'en Italie, en Hollande ou en Finlande.

Ce marchand d'Heraklion fait sécher au soleil des cacahuètes, riches en nutriments protecteurs... comme en calories !

Les Crétois étaient ainsi en meilleure santé que leurs compatriotes du continent ou de l'île de Corfou ou encore de leurs voisins italiens ou yougoslaves, alors même que tous étaient également des grands consommateurs d'huile d'olive, censée avoir des vertus protectrices pour le cœur et les artères. Cela signifie donc que d'autres facteurs alimentaires intervenaient dans « l'exception crétoise ».

On pouvait également se poser la question du mode de vie crétois ; il diffère en de nombreux points de celui que connaissent les Américains ou les Finlandais : rythme plus « relax », sieste quotidienne, présence du soleil et de la mer, douceur du climat, habitudes sociales, etc., autant de facteurs qui peuvent, théoriquement du moins, influencer à la fois le moral et la santé.

Au milieu des années 90, un chercheur français, Serge Renaud, conduisit une étude à l'hôpital de Lyon, avec la collaboration de l'équipe du service des pathologies cardio-vasculaires : 605 patients ayant eu un infarctus du myocarde dans les mois qui précédaient se portèrent volontaires pour tester deux types de régimes censés prévenir une récidive. Le premier correspondait à celui classiquement proposé jusqu'alors aux personnes cardiaques tant en France qu'aux États-Unis. Il s'attachait avant tout à faire baisser le cholestérol, en insistant particulièrement sur la diminution des graisses d'origine animale au profit de celles d'origine végétale (huile de tournesol ou de maïs notamment) sans vraiment prendre en compte les autres aspects de l'alimentation. Le second régime proposé se rapprochait, lui, du régime crétois.

Très rapidement, il apparut avec ce second régime une baisse importante (environ 75%) des problèmes cardiaques ainsi que la réduction concomitante de la fréquence des cancers. Preuve était donc faite que le régime crétois est particulièrement bénéfique pour les artères, le cœur et la santé en général, et qu'il constitue l'une des cultures gastronomiques les plus, voire la plus, protectrices pour l'homme.

La cuisine crétoise pour tous et pour chacun

Pour manger crétois, trois solutions :
• aller vivre en Crète, ce qui serait, certes, un plaisir, mais le projet paraîtra difficile à réaliser à beaucoup d'entre nous ;
• s'approvisionner dans certains magasins spécialisés afin de consommer régulièrement de l'huile d'olive crétoise, du pourpier, des escargots, etc.
• fréquenter ses commerçants habituels, mais choisir ses aliments de façon à consommer les mêmes éléments protecteurs que les Crétois : c'est cette démarche, simple mais efficace, que nous vous conseillons.

D'OÙ LES CRÉTOIS TIRENT-ILS LEUR BONNE SANTÉ ?	DANS QUELS ALIMENTS TROUVENT-ILS CES NUTRIMENTS PROTECTEURS ?	COMMENT FAIRE AUSSI BIEN EN FRANCE ?
Les vitamines B9 et C ; le bêtacarotène ; les flavonoïdes.	Une large variété et une grande quantité de fruits et de légumes ; de l'ail, des oignons, des herbes aromatiques.	▨ Comme les Crétois, mangez des légumes au déjeuner et au dîner, et au moins 3 fruits par jour.
La nature des acides gras alimentaires (éléments de base des graisses) : mono-insaturés en plus grande quantité que saturés ou polyinsaturés.	Une cuisine basée sur l'huile d'olive.	▨ Pour vos vinaigrettes et votre cuisine, préférez l'huile d'olive ou de colza plutôt que les autres huiles, le beurre ou la crème.
Les acides gras oméga-3.	Les poissons et... les escargots ; certains légumes verts comme le pourpier ; des desserts à base d'amandes ou de noix.	▨ Mangez du poisson au moins deux fois par semaine, en privilégiant les poissons gras ; utilisez régulièrement l'huile de colza, éventuellement de noix ou de soja ; n'oubliez pas les noix, les noisettes et les amandes.
Le calcium ; les ferments lactiques.	Les fromages fermentés et les yaourts.	▨ Appréciez les yaourts et/ou le plateau de fromages.
Les glucides lents ; la vitamine B9 ; le magnésium ; l'acide phytique.	Les légumes secs, les pâtes, le couscous, la semoule, le boulghour et le riz ; du pain confectionné à partir d'une farine peu raffinée.	▨ Consommez un de ces aliments à chacun des repas.
Les protéines ; des oligo-éléments comme le fer, le zinc et le sélénium ; la vitamine B12.	Des volailles, de la viande ou des œufs, le tout à une fréquence ou en quantités modérées afin d'éviter les inconvénients liés aux excès.	▨ Appréciez volailles, viandes et œufs, mais avec modération, notamment pour la viande rouge.
Le vin rouge ; les polyphénols	Le vin rouge aux repas.	▨ Sur ce plan, les Français ont peu à apprendre des Crétois ! Attention, cependant, aux effets néfastes liés à l'excès de boissons alcoolisées.
Le plaisir à manger ; la convivialité.	Le choix d'aliments savoureux ; des préparations simples mais justes ; le partage avec ses proches.	▨ Pour le plaisir du goût, essayez les recettes proposées dans les pages qui suivent. Pour la convivialité, avez-vous vraiment besoin de conseils ?

de La théorie...
à L'assiette

À chacun son assiette...
crétoise

Apporter une touche crétoise à son alimentation sera bénéfique pour tous, mais pas forcément de la même façon pour chacun. Certaines périodes de la vie, certains problèmes de santé requièrent des conseils plus spécifiques.

La grossesse, l'enfance et l'adolescence

À l'adolescence, le corps a un besoin accru de calcium et de protéines de bonne qualité en raison de la croissance. Ne soyez pas plus « crétois que les Crétois » en voulant bannir complètement les aliments d'origine animale de votre alimentation : accordez une large place aux fruits, aux légumes et aux féculents, mais consommez également de la viande, des poissons et surtout des produits laitiers, riches en calcium.

Ces mêmes conseils s'adressent également aux femmes enceintes ou qui allaitent, en sachant que, pour elles comme pour l'enfant ou l'adolescent, l'apport d'acides gras oméga-3 (dans les huiles de colza, soja, noix, ainsi que dans les poissons gras, les noix et noisettes) est particulièrement important pour la formation puis l'équilibre des neurones, et donc pour l'intellect.

Les seniors

Avec l'âge, les principaux risques liés à la façon de se nourrir ne sont ni les maladies cardio-vasculaires, ni le cancer, ni l'obésité, mais la dénutrition. Si vous appréciez les principes du régime crétois, adoptez-les : ils vous mettront en appétit et seront utiles pour votre santé. Dans le cas inverse, ne changez rien à vos habitudes, car vous risqueriez de perturber un équilibre parfois précaire.

Après 70 ans, les protéines animales sont particulièrement intéressantes pour réduire les risques de fonte musculaire : en plus des produits d'origine végétale (féculents, pain, huile, légumes, fruits) proposés par le régime crétois, accueillez donc viandes et produits laitiers à votre table.

Les problèmes de poids

Le régime crétois, en dépit de l'huile d'olive omniprésente, ne fait pas grossir, grâce à la place importante dévolue aux fruits et légumes et qui équilibre la concentration calorique des repas dans un sens favorable pour la ligne. Mais, à l'inverse, il n'a pas vocation à vous faire maigrir.

Si vous cherchez à perdre du poids, il vous faudra sans doute diminuer de moitié les quantités d'huile préconisées dans les recettes de cet ouvrage, et prendre des féculents au déjeuner ou au dîner, mais non aux deux repas.

Les problèmes cardio-vasculaires

Que vous ayez ou non fait un infarctus, le régime crétois sera particulièrement bénéfique pour vos artères si vous souffrez d'une maladie cardio-vasculaire telle qu'une angine de poitrine. Il en est de même si vous présentez ce que les médecins appellent un facteur de risque vasculaire (hypercholestérolémie, diabète, hypertension artérielle, tabac, sédentarité).

De même, si vos parents, frères ou sœurs ont pâti avant l'âge de 65 ans d'une maladie cardio-vasculaire, votre risque est plus élevé et vous aurez intérêt à surveiller votre alimentation.

Dans tous les cas, demandez conseil à votre médecin qui sera le plus à même de faire la part des choses.

ail

aneth

cumin

graines de fenouil

laurier

menthe

oignon

origan

romarin

sauge

Contre l'oxydation et le vieillissement

Toute cellule vivante s'altère progressivement en raison de processus dénommés « oxydation », avec formation de composés néfastes : les « radicaux libres ».

Au niveau du corps humain, l'oxydation accélère le vieillissement et favorise le développement de certaines maladies comme le cancer ou les maladies cardio-vasculaires.

La nourriture joue un rôle préventif par la présence de substances antioxydantes (elles luttent contre l'oxydation), notamment les vitamines C et E ainsi que les polyphénols et le carotène.

Le régime crétois est riche en ces divers éléments protecteurs, surtout présents dans les fruits, les légumes et les plantes aromatiques.

Abricot :
riche en carotène,
flavonoïdes en quantité
intéressante

Banane :
vitamine C
en quantité intéressante
Banane plantain :
riche en vitamine C

Citron :
très riche en vitamine C

Figue de Barbarie :
riche en vitamine C

Cassis :
très riche en vitamine C,
flavonoïdes en quantité
intéressante

Fraise :
riche en vitamine B9,
très riche en vitamine C

Clémentine :
très riche en vitamine C

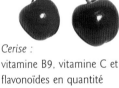

Ananas :
riche en vitamine C

Cerise :
vitamine B9, vitamine C et
flavonoïdes en quantité
intéressante

Framboise :
vitamine B9 et flavonoïdes
en quantité intéressante,
riche en vitamine C

Coing :
vitamine C
en quantité intéressante

Avocat :
vitamine B9 et vitamine C
en quantité intéressante

Châtaigne :
riche en vitamine B9 et
vitamine C

Datte fraîche :
vitamine B9 et vitamine C
en quantité intéressante

Fruit de la Passion :
riche en vitamine C

Richesse des fruits
en éléments protecteurs pour la santé

Goyave :
très riche en vitamine C

Grenade :
riche en
vitamine C

Groseille :
riche en vitamine C,
flavonoïdes en quantité
intéressante

Kaki :
riche en
carotène

Kiwi :
vitamine B9
en quantité intéressante,
très riche en vitamine C

Mangue :
vitamine B9 en
quantité intéressante,
très riche en vitamine C,
riche en carotène

Melon :
riche en vitamine B9,
vitamine C
et carotène

Mûre :
riche en vitamine C,
flavonoïdes en
quantité intéressante

Myrtille :
riche en vitamine C,
flavonoïdes en quantité
intéressante

Orange :
vitamine B9 et
flavonoïdes en quantité
intéressante,
très riche en vitamine C

Papaye :
vitamine B9
et carotène en quantité
intéressante,
très riche en vitamine C

Pastèque :
vitamine C en quantité
intéressante

Pomélo :
riche en vitamine C,
flavonoïdes en quantité
intéressante

Pomme :
flavonoïdes
en quantité intéressante

Raisin noir :
flavonoïdes
en quantité
intéressante

Des fruits et des légumes : en grande quantité

Une donnée majeure dans la protection liée au régime crétois et qui se retrouve également dans le « paradoxe français » tient à la place occupée par les fruits et les légumes. Ceux-ci contiennent de nombreux éléments protecteurs (voir pages 20 et 24) : carotène, vitamine C, polyphénols (ou flavonoïdes), fibres, potassium, magnésium et même pour certains, comme le pourpier, des oméga-3 (voir page 32).

Si vous ne le faites déjà, il serait souhaitable de manger au moins un légume (et si possible plusieurs) à chacun des deux principaux repas (déjeuner et dîner), que ce soit en entrée (crudité ou potage) et/ou en accompagnement du plat principal. Les légumes peuvent être cuits ou crus, sachant néanmoins qu'il vaut mieux consommer au moins une fois tous les deux jours un légume cru (crudité ou salade verte) car certaines vitamines, C ou B9 par exemple, sont en partie détruites par la chaleur. Ne dédaignez pas pour autant les légumes cuits, qui sont souvent plus savoureux et permettent de varier les présentations et les goûts des plats ; de plus, le cuit peut également avoir des bienfaits : ainsi, la tomate cuite libère plus facilement dans l'organisme sa substance protectrice, le lycopène.

Quant aux fruits, adoptez-les en fonction des saisons, en mangeant chaque jour au moins deux fruits frais. Ils font un très bon dessert, mais peuvent également être consommés en dehors des repas, c'est à vous de choisir.

Enfin, de manière plus générale et pour un équilibre optimal, pensez à varier fruits et légumes de façon à bénéficier de l'ensemble des éléments protecteurs.

Les fruits secs sont plus riches en énergie que les fruits frais, mais ils constituent aussi une très bonne source de vitamines et de magnésium. Les noix, comme les amandes ou les noisettes, ont de surcroît le grand intérêt de vous procurer des acides gras oméga-3, qui protègent le cœur (voir pages 30 et 32).

Ail :
riche en vitamine C

Betterave :
riche en vitamine B9,
vitamine C en quantité
intéressante

Céleri-rave :
vitamine B9, vitamine C
et flavonoïdes en quantité
intéressante

Chou vert :
riche en vitamine B9,
très riche en vitamine C
et en carotène

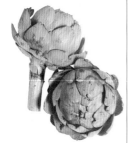

Chou frisé :
riche en flavonoïdes

Brocoli :
riche en vitamine B9,
très riche en vitamine C,
carotène et flavonoïdes
en quantité intéressante

Artichaut :
vitamine B9
et vitamine C en quantité
intéressante

Chou de Bruxelles :
riche en vitamine B9,
très riche en vitamine C,
flavonoïdes en quantité
intéressante

Chou rouge :
vitamine B9 en quantité
intéressante, très riche
en vitamine C

Ciboulette :
riche en flavonoïdes

Concombre :
vitamine C
en quantité intéressante

Asperge :
riche en vitamine B9
et vitamine C

Carotte :
vitamine B9 et vitamine C
en quantité intéressante,
très riche en carotène

Chou-fleur :
vitamine B9 en quantité
intéressante,
très riche en vitamine C

Cornichon :
carotène en quantité
intéressante

Richesse des légumes
en éléments protecteurs pour la santé

Courgette :
vitamine B9 en quantité intéressante,
riche en vitamine C

Crambe (chou marin) :
riche en vitamine B9
et vitamine C

Épinard :
très riche en vitamine B9,
vitamine C
et carotène

Haricot blanc/rouge :
vitamine B9 en quantité
intéressante

Maïs doux :
vitamine b9 et vitamine C
en quantité interessante

Cresson :
très riche en vitamine B9
et vitamine C,
riche en carotène

Fenouil :
riche en vitamine B9, très
riche en vitamine C et
carotène

Haricot vert :
riche en vitamine B9
et vitamine C,
flavonoïdes en quantité
intéressante

Navet :
riche en vitamine C

Oignon :
riche en flavonoïdes

Endive :
vitamine B9 et flavonoïdes
en quantité intéressante

Fève :
riche en vitamine C

Laitue
et autres salades vertes :
riche en vitamine B9
et flavonoïdes,
vitamine C en quantité
intéressante

Oseille :
très riche en vitamine B9,
vitamine C et carotène

Pâtisson :
riche en vitamine C

Persil :
très riche en vitamine B9,
vitamine C et carotène,
riche en flavonoïdes

Petits pois :
vitamine B9 et vitamine C
en quantité intéressante

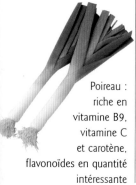

Pissenlit :
très riche en vitamine B9
et carotène,
riche en vitamine C

Poivron :
très riche en vitamine C,
carotène en quantité
intéressante

Potiron :
riche en carotène

Pourpier :
riche en vitamine C,
carotène en quantité
intéressante

Radis :
vitamine B9
en quantité intéressante,
riche en vitamine C

Rutabaga :
riche en vitamine C,
carotène en quantité
intéressante

Poireau :
riche en
vitamine B9,
vitamine C
et carotène,
flavonoïdes en quantité
intéressante

Tomate :
riche en vitamine C,
carotène en quantité
intéressante

Préservez les vitamines et les minéraux des aliments

Certains modes de préparation conservent mieux vitamines et éléments protecteurs. Voici brièvement résumé comment les utiliser de la façon la plus optimale.

• Consommez vos aliments dans les 48 heures qui suivent leur achat.

• Protégez-les de la chaleur, de la lumière, de l'humidité et de l'air (placez les légumes dans une cave ou dans le bac à légumes du réfrigérateur).

• Ne les laissez pas tremper, mais lavez-les rapidement sous l'eau courante.

• Limitez l'eau et le temps de cuisson.

• Ne stockez pas longtemps les aliments après préparation culinaire.

• Consommez si possible la peau des fruits et des légumes… mais n'oubliez pas au préalable de les laver soigneusement.

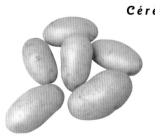

boulghour

fève

*haricot
blanc et rouge*

pain crétois

pomme de terre

spaghettis

tagliatelles

À chaque repas, votre table peut accueillir pain, légumes secs et aliments d'origine céréalière : ils fournissent des protéines végétales et des glucides lents indispensables aux muscles, aux organes et au cerveau. Les légumes secs, le pain et le riz complet, le blé concassé (boulghour ou pilpil), les flocons d'avoine sont, de plus, riches en nutriments protecteurs comme le magnésium ou la vitamine B9.

Les féculents regroupent :

- les céréales ou aliments d'origine céréalière — riz, semoule, blé (entier ou concassé), pâtes, farines et pain ;

- les légumes secs et assimilés — lentilles, petits pois, pois chiches, pois cassés, flageolets, haricots blancs, haricots rouges, fèves ;

- le soja ;

- les pommes de terre et le manioc (sous forme de tapioca).

Parmi les féculents, ce sont surtout les légumes secs et les aliments céréaliers d'origine complète (pâtes ou riz complets, pain complet, pain de seigle, pain aux céréales, etc.) qui sont susceptibles de participer à l'aspect préventif vis-à-vis des cancers. Les légumes secs sont une source importante de folates (vitamine B9) et de polyphénols, comme le sont également les légumes verts ; or, les folates comme les polyphénols combattent la prolifération des cellules cancéreuses.

L'action des légumes secs et des aliments complets d'origine céréalière est également bénéfique contre de les maladies cardio-vasculaires et le diabète, grâce à leur contenu en folates, mais également grâce à leur richesse en fibres et à la présence de protéines végétales.

Ne les opposez pas aux légumes, dont ils sont plutôt complémentaires, mais présentez-les ensemble avec le plat principal. Et remplacez les féculents, lorsque vous n'en avez pas prévu dans votre plat, par du pain, complet si possible.

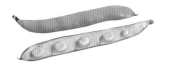

Poissons : à privilégier

Traditionnellement, les Crétois mangent du poisson quatre fois par semaine, notamment de la sardine et du maquereau, dont les acides gras oméga-3 ont un effet protecteur :

- vis-à-vis du cœur et des artères, car ils diminuent les triglycérides sanguins (graisses dont l'effet est néfaste) ainsi que l'agrégation des plaquettes (à l'origine des caillots qui obstruent les artères) ;

- vis-à-vis du cancer, car ils inhiberaient, comme l'évoquent certains résultats en recherche expérimentale, la prolifération des cellules cancéreuses. Cet apport bénéfique du poisson dans le régime crétois est également confirmé par le mode de vie d'un autre peuple, bien différent : les Esquimaux, grands consommateurs de poissons des mers froides (hareng, saumon), eux aussi riches en oméga-3, bénéficient d'une protection cardio-vasculaire équivalente.

Pour votre santé, et nous espérons aussi pour votre plaisir, consommez régulièrement du poisson (en privilégiant les poissons gras car ils sont riches en oméga-3).

Poissons gras

À PRIVILÉGIER POUR TOUS	À ÉVITER EN CAS D'EXCÈS DE POIDS
Anguille	
Anchois frais ou au naturel (conserve)	Anchois à l'huile (conserve)
Flétan	
Hareng frais ou fumé, rollmops au vinaigre	Rollmops à la crème
Maquereau frais, fumé ou au vin blanc (conserve)	
Roussette	
Sardine fraîche	Sardine à l'huile
Saumon frais ou fumé	
Thon frais ou au naturel (conserve)	Thon à l'huile (conserve)
Truite	
	Poisson pané, poisson frit, croquettes de poisson
Œufs de poisson : caviar, œufs de lump	

Viandes, volailles et œufs : mode d'emploi

Les régimes riches en viande sont surtout nocifs lorsque l'alimentation est par ailleurs pauvre en fruits et en légumes. Aussi, ne vous sentez pas obligé de vous limiter, comme les Crétois, à deux ou trois plats de viande ou volaille par semaine, mais sachez modérer les quantités (100 grammes constituent déjà une belle portion !)... et surtout n'oubliez pas, parallèlement, de faire la part belle aux féculents et légumes.

Privilégiez les viandes ou volailles peu grasses, en sachant néanmoins que l'agneau et le mouton, bien que gras, occupent une place un peu à part : ils apportent en effet des acides gras oméga-3, qui, même en quantité modeste, sont bénéfiques pour le cœur et les artères.

Quant aux œufs, limitez-les à 4 par semaine (y compris ceux inclus dans les sauces ou desserts) si vous avez des problèmes cardio-vasculaires, un excès de cholestérol, un diabète, une hypertension artérielle ou encore si vous fumez.

Viandes plus ou moins grasses

CATÉGORIE	MORCEAUX PEU GRAS	MORCEAUX PLUS GRAS
Abats	Cœur, foie, rognons	Langue de bœuf, cervelle
Agneau		Côtelette, gigot, épaule
Bœuf	Bifteck, faux-filet, rosbif, steak haché à 5 % de matières grasses	Entrecôte, bourguignon, pot-au-feu, steak haché à 15 % ou 20 % de matières grasses
Charcuterie	Jambon cuit (sans le gras), bacon	Andouille, boudin, pâté, saucisson, jambon cru, etc.
Cheval	Tous morceaux	
Gibier	Chevreuil, sanglier	
Lapin	Tous morceaux	
Porc	Filet maigre	Côtelette, rôti, travers, échine
Veau	Côte, escalope, filet	Rôti
Volailles	Dinde, poulet, pintade, caille	Canard, faisan, oie, pigeon, poule

Produits laitiers : des yaourts et du fromage

Si vous souhaitez vous rapprocher du régime crétois, abandonnez (ou réduisez) le lait entier, les crèmes lactées ou le fromage blanc au profit des fromages ou des laits fermentés (comme le yaourt), tout aussi riches en calcium. Un morceau de fromage et 1 à 2 yaourts par jour constituent une bonne moyenne.

Du vin : en quantité raisonnable

Présenté comme le porte-drapeau du régime crétois, le vin rouge a certes des avantages, mais n'est absolument pas indispensable ! En effet, on retrouve dans les fruits et les légumes la plupart des éléments protecteurs du vin, sans avoir les inconvénients liés à l'alcool.

La consommation quotidienne de 2-3 verres de vin est associée à une réduction de la mortalité cardio-vasculaire (infarctus du myocarde, artérite, accident vasculaire cérébral) d'environ 35 %. Cette même consommation quotidienne de vin paraît aussi réduire le risque global de cancer d'environ 20 %. Mais attention, ce bénéfice concerne surtout les hommes ; pour les femmes, l'alcool élève le risque de cancer du sein : de 9 % pour 10 grammes d'alcool par jour (soit 1 verre de vin) à 41 % pour 30 grammes (soit 3 verres).

Enfin, la consommation modérée de vin est associée à une réduction du risque de maladie d'Alzheimer et de démence sénile, une relation suggérée par les recherches scientifiques (est-ce vraiment un hasard ?) de l'université de... Bordeaux. Mais d'autres travaux scientifiques devront confirmer ces résultats avant que le vin rouge ne soit réellement considéré comme un facteur de prévention vis-à-vis des altérations intellectuelles liées au grand âge.

La consommation régulière de vin rouge peut donc avoir un effet favorable sur la santé à condition, bien sûr, de ne pas « dépasser les doses conseillées » : 2 verres quotidiens pour la femme, 3 pour l'homme ; au-delà, les effets de l'alcool s'inversent et les risques de toxicité deviennent rapidement dominants, tant au niveau du cœur et des artères (hypertension artérielle, insuffisance cardiaque, etc.) que du cancer (notamment celui de la gorge et du foie) ou du cerveau (troubles nerveux, démence, etc...).

Si vous n'appréciez pas le vin, ne vous forcez pas ! En effet, ce n'est pas le vin rouge, mais la combinaison d'un ensemble d'aliments ainsi qu'une façon savoureuse et conviviale de consommer ceux-ci qui sont à l'origine des bénéfices du régime crétois.

Si vous buvez régulièrement du vin sans dépasser 2 verres de vin rouge par jour, pour une femme (soit 25 cl), ou 3 verres, pour un homme (soit une demi-bouteille de 75 cl), continuez sans complexe. Si vous buvez de plus grandes quantités, réduisez-les ; sinon vous risquez de pâtir des effets néfastes de l'alcool.

Enfin, n'oubliez pas de disposer sur la table deux verres, l'un à eau, pour vous rafraîchir, l'autre à vin, pour apprécier le vin... à petites doses !

L'huile d'olive : un « must »

Les matières grasses sont principalement représentées par les huiles, le beurre, la crème, la margarine et la mayonnaise ; elles peuvent être d'origine animale ou végétale.

Comme dans le reste du pourtour méditerranéen, les Crétois utilisent largement l'huile d'olive mais les aliments qu'ils cuisinent sont intrinsèquement peu gras. Là réside toute la différence entre le mode alimentaire américain caractérisé, certes, par un ajout modéré de matières grasses en cuisine ou à table (33 grammes par jour contre 95 grammes pour les Crétois, soit près de trois fois moins), mais avec, en contrepartie, des aliments intrinsèquement gras, soit de façon naturelle (viandes, laitages, etc.), soit après un processus industriel (chips, plats cuisinés, hamburgers, desserts, crèmes glacées, barres chocolatées, etc.). La qualité des lipides varie donc d'un régime à l'autre, impliquant parallèlement un effet plutôt favorable (le régime crétois, grâce à l'huile d'olive) ou plutôt néfaste (le régime américain).

Les acides gras

Les matières grasses sont constituées d'unités de base appelées acides gras. On en distingue quatre familles : les acides gras saturés, mono-insaturés, oméga-6 et oméga-3.

Les acides gras mono-insaturés devraient être majoritaires dans notre alimentation, comme ce fut le cas pendant des siècles voire des millénaires, tandis que les acides gras saturés ne devraient pas dépasser 25 % du total. Par ailleurs, le rapport entre les quantités d'acides gras oméga-6 et oméga-3 devrait être proche de 5, alors qu'il est aujourd'hui souvent supérieur à 10.

Le régime crétois approche l'équilibre optimal : beaucoup d'acides gras mono-insaturés (dans l'huile d'olive), une quantité raisonnable d'oméga-6 (en petite part dans l'huile d'olive) et de saturés (viandes et produits laitiers), sans oublier un apport conséquent en oméga-3, que les Crétois trouvent dans le pourpier, les poissons, les escargots, les noix et les amandes.

Si vous aimez les huiles qui ont peu de saveur, prenez de l'huile de colza et, pour la cuisson, de l'huile d'arachide. Si vous préférez l'huile d'olive, plus forte en goût (et riche en polyphénols), n'hésitez pas à l'associer dans vos salades à l'huile de colza (pour les oméga-3).

Si vous souhaitez vous aussi atteindre cet équilibre optimal, vous avez intérêt à privilégier les huiles d'olive, d'arachide ou de colza, car toutes trois sont riches en acides gras mono-insaturés, pauvres en saturés et apportent des oméga-6 en quantité raisonnable, ni trop ni trop peu. Mais où trouver les oméga-3 ? Une première solution : vous pouvez faire comme les Crétois, c'est-à-dire manger du pourpier, des poissons gras (maquereaux, sardines, etc.), des escargots et des desserts à base d'amandes ou de noix… Vous pouvez également choisir une huile riche en oméga-3 : c'est le cas des huiles de noix, de soja et de colza (à utiliser en assaisonnement ou pour des cuissons à feu doux, mais non pour des fritures). Les autres huiles habituellement consommées en France sont pauvres en oméga-3 (même l'huile d'olive). L'huile de colza est la plus intéressante, car c'est la seule à être riche à la fois en acides gras mono-insaturés et en acides gras oméga-3.

Faire rimer santé et simplicité avec plaisir et convivialité

La cuisine crétoise traditionnelle est constituée de repas savoureux et colorés ; la texture des aliments est habituellement craquante (légumes crus ou légèrement cuits) ou ferme (pâtes cuites al dente, pain), le Crétois ne rechignant pas à mâcher la nourriture. Les saveurs sont variées, souvent acides (ail, citron, vinaigre, oignons, épices, herbes aromatiques) : alors, ne vous cantonnez pas au « salé-sucré » qui a pris bien trop d'importance, notamment sous l'influence de la cuisine anglo-saxonne.

La cuisine crétoise n'est ni triste ni végétarienne : même si elle offre une large place aux aliments d'origine végétale tels que les légumes, les fruits, les féculents, le pain et, bien sûr, l'huile d'olive, elle accueille aussi les viandes, les poissons, les fromages et yaourts, les desserts. Les préparations sont habituellement simples ; c'est plutôt le choix des aliments (des aliments de qualité !) et la façon de les associer qui révèlent les saveurs plutôt que des cuissons ou des sauces laborieuses.

La cuisine crétoise est faite pour être partagée entre amis ou en famille : adaptez-en les principes à vos goûts et à ceux de vos proches afin de réussir des plats simples et savoureux, pour tous les jours de la semaine ou pour des occasions plus festives. Les recettes qui suivent n'ont pas d'autre ambition que de vous y aider. Et, comme les Crétois, n'hésitez pas à satisfaire à un certain rituel dans l'ordonnancement des plats : à partir du moment où elles sont suffisamment souples pour être acceptées par toute la famille, les règles de « savoir-vivre » que vous aurez choisies ne nuisent pas, bien au contraire, au plaisir et à la convivialité ; de plus, elles sont indispensables à l'enfant pour qu'il apprenne à structurer ses repas.

Enfin, ne suivez pas nos conseils de façon obsessionnelle, n'hésitez pas à manger tout à fait différemment, deux ou trois fois par semaine, par exemple en allant au restaurant ou chez des amis ; cela ne vous empêchera en rien de profiter des bénéfices du régime crétois : c'est l'équilibre sur le long terme qui importe, et celui-ci n'est pas altéré par un repas apparemment « déséquilibré » de temps en temps.

La cuisine crétoise traditionnelle a fait les preuves de ses avantages pour la santé. Et même si, en France, nous mangeons de façon globalement saine, la cuisine crétoise peut améliorer encore notre forme et notre santé.

recettes

POUR **6** PERSONNES
6 belles aubergines
6 tomates moyennes
2 oignons moyens
200 g de feta ou de pecorino
3 cuillerées à soupe d'huile d'olive
4 branches de basilic
4 branches de persil
sel, poivre

Préparation : *40 min* • **cuisson** : *40 min*

Ébouillantez les tomates, égouttez-les, pelez-les, coupez-les en deux, pressez-les pour ôter l'eau et les pépins. Détaillez la pulpe en dés.

Lavez les aubergines, coupez un chapeau aux deux tiers de leur longueur, évidez-les soigneusement. Salez les peaux, retournez-les sur un plat.

Pelez et émincez les oignons. Lavez et égouttez le persil et le basilic. Coupez le fromage en dés.

Dans 2 cuillerées à soupe d'huile chaude, faites blondir les oignons. Ajoutez la chair des aubergines puis les dés de tomate et le persil ciselé. Salez, poivrez.

Laissez cuire à feu doux 10 minutes. Découvrez à mi-cuisson pour faire évaporer l'excédent d'eau.

Versez la préparation dans une jatte, écrasez grossièrement avec une spatule en bois. Coupez les feuilles de basilic, ajoutez-les à la préparation. Rectifiez l'assaisonnement. Laissez tiédir.

40 minutes avant le repas, préchauffez le four à 175 °C (th. 6). Épongez les peaux d'aubergine. Ajoutez à la farce les dés de fromage. Huilez le fond d'un plat avec du papier absorbant, rangez les aubergines farcies dans le plat en les calant bien les unes contre les autres. Faites cuire 30 minutes au milieu du four.

Posez une aubergine sur chaque assiette. Portez à table. Les aubergines tiédiront le temps que les convives s'installent. C'est ainsi qu'il faut les déguster.

■ À SAVOURER AVEC UN CÔTES-DE-BOURG POUR SES TANINS SERRÉS.

Le basilic exalte les saveurs. En grec, « basilikos » veut dire « royal ». On prête au basilic des vertus tranquillisantes. Une fois séché, il perd son arôme ; mieux vaut donc le consommer frais. Longtemps dédaignée, l'aubergine, appelée « pomme des fous », est apparue sur les tables au XIXᵉ siècle.

salade d'aubergines au sésame

POUR 6 PERSONNES

3 belles tomates
3 aubergines moyennes
2 petits oignons
1 poignée de raisins secs
1 cuillerée à café
de graines de sésame
6 brins de persil
6 cuillerées à soupe d'huile d'olive
sel, poivre

À préparer la veille • Préparation et cuisson : *30 min*

Ébouillantez les tomates 10 secondes, égouttez-les, pelez-les, ôtez les pépins, concassez grossièrement la chair. Pelez et coupez les oignons en petits dés. Lavez les aubergines et coupez-les en rondelles moyennes.

Faites chauffer 2 cuillerées à soupe d'huile d'olive dans une sauteuse, mettez les oignons à dorer, laissez cuire doucement 5 minutes sans couvrir. Ajoutez les tomates, le sésame, les raisins secs, salez, poivrez, laissez mijoter à découvert 5 minutes pour que l'eau s'évapore.

Faites chauffer 4 cuillerées à soupe d'huile d'olive dans une poêle antiadhésive, mettez-y les aubergines, laissez cuire 5 minutes, salez et poivrez. Retournez-les, poursuivez la cuisson 5 minutes à couvert, à feu doux.

Au fur et à mesure de leur cuisson, déposez-les sur un papier absorbant. Procédez en plusieurs fois s'il le faut.

Empilez quelques tranches d'aubergine dans un plat, recouvrez avec la sauce aux oignons. Servez froid avec du persil ciselé.

■ À SAVOURER AVEC UN CÔTES-DE-BLAYE.

En Grèce antique, on considérait que la graine de sésame était salutaire pour la santé. Aujourd'hui, les Crétois continuent la tradition et saupoudrent leurs gâteaux de graines de sésame.

POUR 6 PERSONNES
500 g de poulpe
6 gros artichauts camus
2 gousses d'ail
I citron
6 cuillerées à soupe d'huile d'olive
I petit bouquet de persil
sel, poivre

salade de poulpe aux artichauts

Préparation : *I5 min* • **cuisson :** *I0 min*

Cassez la tige des artichauts et enlevez les feuilles extérieures et le foin. Lavez-les soigneusement en écartant les feuilles. Faites-les cuire de 30 à 40 minutes dans un cuit-vapeur.

Vérifiez la cuisson des artichauts : les feuilles doivent s'enlever facilement mais le fond doit rester croquant.

Lavez le poulpe. Coupez-le en carrés. Pelez et hachez l'ail. Lavez le persil et ciselez-le dans un verre.

Faites frire les morceaux de poulpe salés et poivrés 5 minutes dans 1 cuillerée à soupe d'huile d'olive, en remuant souvent. Jetez-les dans une passoire pour qu'ils s'égouttent. Saupoudrez-les d'ail et de persil, arrosez-les avec un peu d'huile d'olive et de jus de citron.

Préparez une vinaigrette pour les artichauts avec le reste de l'huile d'olive et du jus de citron, du sel et du poivre. Assaisonnez les artichauts, mélangez-les avec le poulpe. Présentez dans des assiettes avec quelques feuilles d'artichaut autour.

■ À SAVOURER AVEC UN VIN ROUGE DU LUBÉRON.

Le poulpe (ou pieuvre) a huit bras égaux et un « bec » qui lui permet de se nourrir de coquillages. Plus il est petit, meilleur il est. Réputé pour sa ruse et sa rapidité, le poulpe est souvent représenté sur les vases ou les sarcophages crétois. Les habitants de l'île le préparaient surtout bouilli ou braisé, et réservaient son encre pour écrire ou dessiner.

soupe de concombre à la menthe

POUR 6 PERSONNES

3 concombres
200 g de feta
1 citron
1 petit bouquet
de menthe fraîche
2 cuillerées à soupe d'huile
1 cuillerée à café
de sel fin
noix muscade
poivre

Préparation : 15 min • **cuisson** : sans

Pelez les concombres, pressez le citron, lavez la menthe, coupez la feta en dés.

Râpez les concombres, écrasez la feta (en réservant quelques morceaux), ciselez la menthe et mixez le tout en ajoutant le jus du citron, du sel, du poivre, l'huile et 1 ou 2 pincées de noix muscade. Servez très frais, parsemez de feta émiettée.

■ À SAVOURER AVEC UN COLLIOURE POUR SA LÉGÈRETÉ.

Au XVIIᵉ siècle, les médecins conseillaient de confire le concombre dans du vinaigre pour le rendre plus digeste. Certains cuisiniers proposent aujourd'hui de le passer 1 minute à la vapeur avant de le servir en salade. Dans cette recette, c'est le citron qui fait office de vinaigre.

Mille-
feuille
d'aubergine
au crabe

POUR **6 PERSONNES**

2 aubergines
2 boîtes de crabe
4 belles tomates mûres
1 gousse d'ail
10 cl d'huile d'olive
3 branches de basilic frais et 6 feuilles
1 pincée de sucre
sel, poivre

Préparation : *30 min*
• **dégorgeage des tomates** : *1 h* • **cuisson** : *10 min*

Préparez un coulis : ébouillantez les tomates, égouttez-les, pelez-les, coupez-les en deux, enlevez les pépins, mettez-les dans une passoire, saupoudrez de sel et laissez dégorger 1 heure.

Épluchez l'ail, ôtez le germe. Mixez l'ail et les tomates avec 1 cuillerée à soupe d'huile d'olive, du sel, du poivre et le sucre. Coupez grossièrement les feuilles de basilic rincées et épongées, versez le coulis dessus. Mélangez et mettez au frais.

Lavez et essuyez les aubergines. Coupez-les dans le sens de la longueur en tranches fines. Faites chauffer un fond d'huile dans une grande poêle. Mettez plusieurs tranches d'aubergine et laissez cuire 5 minutes de chaque côté. Salez, poivrez, posez sur du papier absorbant et gardez au chaud. Recommencez pour les autres tranches.

Égouttez le crabe, répartissez-le sur les tranches d'aubergine. Présentez celles-ci les unes sur les autres, comme un mille-feuille. Servez tiède entouré du coulis de tomates. Décorez d'une feuille de basilic.

■ À SAVOURER AVEC UN BEAUJOLAIS PRIMEUR.

Si la tomate, d'origine sud-américaine, a mis longtemps à s'implanter en France, c'est qu'elle fait partie des solanacées au même titre que la belladone, plante très vénéneuse.

41

POUR 4 PERSONNES
20 fleurs de courgette
2 tomates moyennes
50 g de riz lavé
1 citron
1 oignon
4 branches de menthe
fraîche et d'aneth
1 cuillerée à café
de menthe séchée
6 branches de persil
10 cl d'huile d'olive
sel, poivre

fleurs de courgette farcies

Préparation : *30 min* • **cuisson** : *20 min*

Ébouillantez les tomates. Pelez-les et épépinez-les. Hachez-les grossièrement. Pelez l'oignon et coupez-le en petits dés. Hachez finement les herbes. Pressez le citron.

Versez l'huile d'olive dans une sauteuse, faites-y revenir les herbes. Ajoutez le jus de citron, les tomates, remuez. Ajoutez le riz, salez, poivrez et laissez quelques secondes le temps de sécher la farce.

Farcissez les fleurs de courgette avec la préparation et repliez les pétales, couchez-les dans la sauteuse en les calant bien les unes contre les autres. Versez un fond d'eau, couvrez et laissez cuire doucement 20 minutes en surveillant la cuisson. Au besoin, ajoutez de l'eau. Vérifiez l'assaisonnement.

■ À SAVOURER AVEC UN SAINT-ÉMILION POUR SA FINESSE.

Claude Galien, né à Pergame en 131, exerça ses fonctions médicales à la cour des empereurs Marc Aurèle et Commode. Pour prévenir et guérir les maladies, il mit au point un classement des aliments. en cas de maladies chroniques, il prescrivait des aliments « atténuants », c'est-à-dire peu caloriques, comme les ingrédients de cette recette. Peu calorique, celle-ci convient particulièrement aux personnes sédentaires.

feta en aumônière de figue

POUR 6 PERSONNES

18 belles figues fraîches
100 g de feta
2 cuillerées à soupe d'huile d'olive
sel, poivre

Préparation : *10 min* • **cuisson** : *2 min*

Coupez la feta en cubes. Lavez les figues, essuyez-les, découpez un chapeau. Enfoncez dans chaque figue un cube de feta. Salez légèrement, poivrez. Reposez le chapeau.

Avec un pinceau, passez un peu d'huile d'olive au fond d'un joli plat à feu ovale. Rangez-y les figues farcies. Repassez votre pinceau sur les figues.

Allumez le gril du four. Glissez le plat 2 minutes sous le gril pour que le fromage soit fondu et les fruits légèrement dorés. Pendant que vous laissez les convives s'installer, surveillez la cuisson.

Si vous êtes à la campagne, garnissez chaque assiette d'une feuille de figuier et déposez délicatement 3 figues sur chacune.

■ À SAVOURER AVEC UN CHINON ROUGE.

Depuis l'Antiquité, on reconnaît aux figues des vertus nutritives. Rufus, médecin en exercice au Ier siècle après J.-C., les recommande fraîches aux jeunes filles. Quand elles sont sèches, les figues sont plus nourrissantes et, de ce fait, prescrites aux athlètes. Au Moyen Âge, elles figurent aux menus de Carême, soit rôties en entrée, soit fraîches en dessert.

tomates tièdes au chèvre

POUR 6 PERSONNES
12 petites tomates mûres
6 fromages « rocamadours »
1 œuf
quelques brins
de sarriette
sel, poivre

Préparation : *15 min*
• **dégorgeage des tomates** : *1 h* • **cuisson** : *10 min*

Lavez les tomates, évidez-les avec une petite cuillère en prenant soin de ne pas abîmer la peau. Jetez les pépins mais réservez la chair. Saupoudrez l'intérieur des tomates d'une pincée de sel, retournez-les sur un plat.

Laissez-les dégorger 1 heure au moins.

Avec une fourchette, écrasez les fromages avec la pulpe des tomates et la sarriette. Salez et poivrez en quantités égales. Ajoutez l'œuf battu pour obtenir une pâte malléable mais assez compacte.

Préchauffez le four à 160 °C (th. 5). Farcissez les tomates, mettez-les dans un joli plat allant au four. Faites cuire 10 minutes. Laissez tiédir quelques minutes dans le four éteint avant de présenter à table.

■ À SAVOURER AVEC UN TAVEL.

Le fromage de chèvre est connu depuis l'Antiquité. Au chant XI de l'Iliade,
Hécamède prépare un breuvage pour désaltérer Nestor et Machaon.
Pendant que les héros s'allongent sur des lits de repos, elle râpe du fromage
de chèvre dans du vin de Pramnos et saupoudre le liquide de farine.

POUR **6** À **8** PERSONNES

500 g de loup en filets
sans la peau
1 cuillerée à café d'aneth frais haché
6 cuillerées à soupe
d'huile d'olive
3 cuillerées à café de sucre
4 cuillerées à café de gros sel gris
1 cuillerée à soupe
de grains de poivre concassés

Préparation : *10 min*
• cuisson : *sans* **• macération** : *48 h*

Deux jours à l'avance, mélangez l'aneth, l'huile d'olive, le gros sel, le poivre concassé et le sucre.

Versez le tiers du mélange dans une terrine. Posez-y le premier filet de poisson, couvrez avec la moitié du reste du mélange, posez le second filet de poisson, versez le reste du mélange. Recouvrez d'une feuille d'aluminium, posez un poids dessus et laissez 2 jours au frais.

Le jour même, retirez le poisson de la terrine en l'égouttant. Posez-le sur une planche, escalopez-le en tranches fines. Présentez les tranches de poisson en les faisant se chevaucher l'une sur l'autre sur deux rangées. Recouvrez d'un peu de jus de macération. Servez avec des tranches de pain grillé.

■ À SAVOURER AVEC UN GAILLAC ROSÉ.

Les Romains distinguaient deux poivres : le long, cueilli mûr et grillé
au soleil, et le blanc, cueilli vert. De notre côté, nous distinguons le poivre noir,
dont les baies sont séchées avant maturité, du blanc plus doux. Le plus simple
est de mélanger les deux dans le moulin à poivre. Ajoutez des graines
de coriandre et de piment, et vous apporterez une touche crétoise
à votre assaisonnement.

boulGHour à La coriandre et aux olives

POUR **6** PERSONNES

250 g de boulghour fin
100 g de raisins secs
1 citron
1 douzaine d'olives noires
1 cuillerée à café
de cannelle
1 cuillerée à café
de coriandre en poudre
2 cuillerées à soupe d'huile d'olive
1 petit bouquet de persil plat
sel, poivre

Préparation : *10 min* • **trempage du boulghour** : *1 h* • **cuisson** : *sans* • **réfrigération** : *1 h*

Faites tremper le boulghour 1 heure dans une jatte d'eau froide.

Égouttez le boulghour. Hachez le persil et les olives, ajoutez-les au boulghour. Rincez les raisins secs, ajoutez-les également.

Mélangez le jus du citron et l'huile d'olive. Versez sur le boulghour. Mélangez bien. Ajoutez la cannelle et la coriandre. Salez, poivrez. Mélangez encore. Mettez 1 heure au frais.

Vérifiez l'assaisonnement au moment de servir.

■ À SAVOURER AVEC UN IROULÉGUY ROUGE POUR LA PRÉSENCE DE SES TANINS.

On disait à Rome que la meilleure coriandre était celle d'Égypte. On conseillait de la mettre sous l'oreiller avant le lever du soleil pour guérir les fièvres. Le boulghour, blé complet précuit et séché, donne à cette recette un intérêt diététique supplémentaire.

POUR **6** PERSONNES

1 kg d'escargots lavés et nettoyés
500 g de tomates
200 g de riz lavé
2 petits oignons
20 cl d'huile d'olive
gros sel de mer, poivre

pilaf de petits-gris

Préparation : *45 min* • **cuisson** : *30 min*

Vérifiez que les escargots sont bien « operculés », c'est-à-dire fermés par une membrane. Cet opercule est la preuve que l'escargot a jeûné. Il est devenu maigre, donc comestible.

Ôtez l'opercule, lavez les escargots à grande eau, laissez-les tremper dans une bassine, renouvelez l'eau souvent jusqu'à ce qu'il n'y ait plus de bave. Pour éviter que les escargots ne s'échappent, il suffit de mettre un peu de sel fin sur les rebords de la bassine.

Faites chauffer 10 cl d'huile d'olive dans une cocotte. Jetez-y les escargots vivants. Faites cuire 5 minutes à feu vif en remuant bien. Versez dans une passoire.

Ébouillantez les tomates, égouttez-les, pelez-les et concassez la chair. Pelez les oignons et coupez-les en petits dés.

Remettez 10 cl d'huile dans la cocotte. Faites-y blondir les oignons, ajoutez les tomates, salez au gros sel avec parcimonie, poivrez.

Versez le riz égoutté, remuez bien. Ajoutez 1/2 litre d'eau, du sel et du poivre.

Mettez les escargots égouttés dans la cocotte et laissez ainsi mijoter à feu doux le temps de cuire le riz.

Servez le pilaf avec des petites piques pour décoquiller les escargots et des rince-doigts.

■ À SAVOURER AVEC UN MÉDOC POUR SA ROBUSTESSE.

Dans l'Antiquité, les escargots comptaient parmi les « aliments épais » au même titre que les fromages et les anguilles. Selon Pline l'Ancien, ils avaient des vertus thérapeutiques. Appliqués en onguent avec du safran, ils favoriseraient la conception. Au Moyen Âge, on les achète chez le poissonnier et on leur donne le nom de « viande maigre » tandis qu'au XVIIIe siècle ils deviennent « insectes à coquille ».

Le petit-gris est un mollusque qui déteste les changements de température et hiberne dans sa coquille au moment des gelées.

salade de pourpier aux jeunes fèves

POUR **6** PERSONNES
250 g de pourpier
(ou de mesclun)
6 petits artichauts « violets de Toscane »
500 g de toutes jeunes fèves
500 g de tout petits pois frais
100 g de pecorino (fromage sicilien de brebis)
2 citrons
1 cuillerée à café de graines de cumin
6 cuillerées à soupe d'huile d'olive
sel, poivre

Préparation : *40 min* • **cuisson** : *sans*

Lavez la salade, mettez-la au frais dans un torchon.
Pressez l'un des citrons, coupez l'autre en deux. Écossez les févettes
et les pois.

Cassez la tige des artichauts, coupez les feuilles aux deux tiers supérieurs,
enlevez le foin central et citronnez les fonds. Coupez-les en deux et émincez-
les en tranches fines.

Dans un saladier, préparez la vinaigrette avec sel, poivre, cumin, huile
d'olive et jus de citron. Versez la salade, les artichauts, les pois et les fèves,
mélangez délicatement.

Répartissez le mélange dans les assiettes. Coupez le pecorino en fines
lamelles et répartissez celles-ci sur la salade.

■ À SAVOURER AVEC UN CÔTES-DU-RHÔNE.

Du temps de l'Empire romain, l'artichaut était prescrit
aux personnes âgées, flegmatiques ou mélancoliques.
Au XVIIe siècle, jugé trop aphrodisiaque, il est interdit
aux jeunes filles !

1 beau filet de haddock (300 g)
250 g de salades mélangées
2 pommes acides (granny-smith)
2 oranges
3 citrons
2 poivrons rouges
4 cuillerées à soupe d'huile d'olive
1 cuillerée à soupe de vinaigre balsamique
quelques brins de persil plat
sel, poivre

ſalade aciduLée du Haddock

Préparation : 25 min • cuisson : 20 min • macération : 1 h

La veille, lavez les poivrons et faites-les griller sous le gril du four, en les tournant régulièrement jusqu'à ce que la peau noircisse. Pelez-les, enlevez les pépins, coupez-les en fines lanières, recouvrez-les avec 1 cuillerée à soupe d'huile, salez, poivrez. Réservez au frais.

La veille également, pelez les pommes, coupez-les en quartiers. Pelez les oranges et 2 citrons à vif, séparez les quartiers et retirez-en la peau. Mettez 1 cuillerée à soupe d'huile d'olive dans une sauteuse, faites-y revenir 5 minutes les fruits salés et poivrés. Réservez au frais.

Le jour même, enlevez la peau du haddock, rincez-le, épongez-le. Une heure avant le repas, escalopez le poisson en tranches fines, arrosez du jus du citron restant. Laissez macérer au frais.

Assaisonnez les salades avec le reste de l'huile, le vinaigre, du sel et du poivre.

Présentez dans les assiettes avec d'un côté les poivrons, de l'autre les fruits et le haddock au milieu. Ciselez le persil au-dessus.

■ À SAVOURER AVEC UN CÔTES-DU-ROUSSILLON ROSÉ.

Le haddock n'est pas crétois, mais son goût rappelle celui du cabillaud fumé... qui n'est autre que de la morue.

saint-jacques en compotée de tomate

POUR 6 PERSONNES

24 grosses noix
de coquilles Saint-Jacques
500 g de tomates
1 gousse d'ail
1 botte d'aneth
12 branches de persil
6 brins de menthe
6 cuillerées à soupe d'huile d'olive
1 cuillerée à soupe de gros sel gris
poivre

Préparation : *15 min* • **cuisson** : *25 min*

Ébouillantez les tomates, égouttez-les, pelez-les, concassez-les dans une jatte. Pelez l'ail, rincez et égouttez les herbes dans un linge, et hachez le tout finement.

Faites chauffer 4 cuillerées à soupe d'huile d'olive dans une sauteuse, versez les tomates, remuez quelques secondes. Ajoutez le hachis d'herbes et d'ail, salez, poivrez, couvrez à demi et laissez compoter 20 minutes.

Faites chauffer 2 cuillerées à soupe d'huile d'olive dans une poêle antiadhésive avec le gros sel. Faites-y dorer les Saint-Jacques 2 minutes de chaque côté.

Répartissez les noix de Saint-Jacques dans les assiettes et versez le coulis de tomates dessus.

▪ À SAVOURER AVEC UN SAINT-ÉMILION.

Il existe des tomates jaunes, d'autres couleur bronze, certaines se parent d'une robe brune ou émeraude aux rayures dorées ou roses. Leurs formes sont variées : allongées comme les piments, renflées comme les poivrons ou, pour mieux nous tenter, en forme de cœur. À vous de faire votre choix entre la tomate des Andes, la tigerella, la poire rouge, la nova, la ponderheart, le téton de Vénus ou la marmande du Lot-et-Garonne... si vous en avez la possibilité.

16 gambas
1 concombre
2 cuillerées à soupe de vinaigre de vin
1 cuillerée à soupe de graines de coriandre
4 branches de coriandre fraîche
10 filaments de safran
2 pincées de piment doux moulu
2 cuillerées à soupe d'huile d'olive
1 pincée de sucre
4 pincées de gros sel gris
sel, poivre du moulin

gambas du concombre

Préparation et cuisson : *30 min*
• macération du concombre : *12 h*

La veille, pelez le concombre et coupez-le en rondelles fines avec
un gros couteau économe. Mettez celles-ci dans un fond d'eau additionnée
du vinaigre de vin avec 1 cuillerée à café de sel fin et le sucre. Laissez macérer
12 heures au frais.

Le jour même, décortiquez les gambas. Versez dessus quelques gouttes
d'huile d'olive, parsemez de safran et de piment doux. Poivrez.

Égouttez le concombre. Disposez-le en cercle dans les assiettes
en faisant chevaucher les rondelles, saupoudrez de graines de coriandre.

Faites chauffer l'huile dans une poêle, saisissez-y les gambas 1 minute
de chaque côté. Assaisonnez de gros sel. Déposez les gambas au centre
des assiettes. Ciselez la coriandre fraîche au-dessus.

■ À SAVOURER AVEC UN CÔTES-DU-LUBERON.

*Il y a beaucoup de concombres en Crète. Alexis Zorba, le héros de Nikos
Kazantzakis, écrit : « Il y a des caroubes, des haricots, des pois chiches, de l'huile,
du vin. Et là-bas, dans le sable, poussent les concombres et les melons les plus
précoces de Crète. Cr, crr... Tu les entends pousser, patron ».*

keftedes

POUR **8** PERSONNES

500 g de bifteck haché
3 grosses pommes de terre (bintje)
1 salade romaine
2 oignons nouveaux, 1 oignon blanc moyen
1 œuf
1 citron
4 cuillerées à soupe de chapelure (ou 4 biscottes écrasées)
10 cl d'huile d'olive
1 cuillerée à café de menthe séchée
10 brins de persil
2 petites branches de menthe fraîche
8 brins de coriandre fraîche
sel, poivre

Préparation : *30 min* • **cuisson** : *5 min*

Hachez finement le persil et la menthe. Pelez les pommes de terre et l'oignon blanc, râpez-les, versez-les dans une passoire, posez un poids dessus pour qu'ils s'égouttent.

Mettez la viande dans une jatte. Creusez un trou, cassez-y l'œuf. Ajoutez les herbes (menthe fraîche et sèche et persil) hachées, salez, poivrez.

Épongez les pommes de terre et l'oignon dans un linge. Ajoutez-les à la préparation. Mélangez le tout à la main de façon à confectionner une pâte. Ajoutez un peu de chapelure au fur et à mesure pour que la pâte ne soit pas liquide. Confectionnez des boulettes avec vos mains, roulez-les dans la chapelure.

Lavez et coupez la salade en chiffonnade (lanières). Émincez finement les oignons nouveaux.

Préparez une vinaigrette avec 5 cuillerées à soupe d'huile d'olive, le jus du citron, du sel et du poivre. Ciselez la coriandre au-dessus de la salade.

Faites chauffer le reste de l'huile dans une sauteuse et faites-y frire 2 minutes les boulettes par petites quantités, en secouant le récipient. Posez-les sur du papier absorbant.

Assaisonnez la salade avec l'oignon nouveau et la vinaigrette. Déposez les boulettes dessus. Décorez de coriandre.

■ À SAVOURER AVEC UN SAINT-ESTÈPHE.

En 1593, l'amiral Hawkins constate que le jus de citron soigne son équipage atteint de scorbut. Dès lors, le citron est employé autant en cuisine qu'en médecine.

1

2

3

4

tiropita

POUR **6** PERSONNES

1 paquet de feuilles de philo
125 g de beurre fondu
200 g de feta
2 cuillerées à soupe de lait
3 œufs
2 oignons
2 cuillerées à soupe d'aneth frais haché
3 cuillerées à soupe d'huile d'olive
sel, poivre

Préparation : *30 min* • **cuisson** : *40 min*

Préchauffez le four à 200 °C (th. 7).

Pelez et émincez finement les oignons. Faites chauffer l'huile d'olive dans une poêle et faites-y blondir 5 minutes les oignons.

Préparez la farce : battez les œufs avec du sel, du poivre, l'aneth. Écrasez la feta dans un peu de lait, ajoutez-la aux œufs. Incorporez les oignons.

Beurrez un moule rectangulaire. Déroulez les feuilles de philo. Déposez 6 feuilles de philo les unes sur les autres dans le moule en enduisant chacune de beurre fondu avec un pinceau. Tartinez de farce, recouvrez avec 6 feuilles que vous beurrerez au fur et à mesure, déposez de la farce et continuez ainsi jusqu'à épuisement des feuilles. Humectez d'eau la feuille du dessus avec vos doigts.

Faites cuire 40 minutes au four, puis laissez reposer 10 minutes dans le four éteint.

■ À SAVOURER AVEC UN CÔTES-DE-BLAYE POUR SA SOUPLESSE.

Les feuilles de philo s'achètent dans les épiceries grecques et se conservent au frais. Le fait de les humecter évite que les bords ne se relèvent en cuisant. Elles permettent d'obtenir un feuilleté craquant et de donner libre cours à son imagination.

terrine de tarama et blinis

POUR 8 À 10 PERSONNES

200 g d'œufs de cabillaud fumés et salés
200 g de pain de mie sans croûte
25 cl de lait
1 petit oignon
1 jaune d'œuf
2 citrons
50 cl d'huile d'olive
poivre

POUR LES BLINIS

50 cl de lait
300 g de farine
20 g de levure de boulanger fraîche
25 g de semoule de blé
2 œufs
1 cuillerée à café d'huile d'olive
5 g de sel
5 g de sucre

Préparation : *30 min* • **repos de la pâte** : *1 h*
• **cuisson** : *10 min* • **réfrigération** : *12 h environ*

Arrosez le pain de mie avec le lait tiède. Pelez et râpez l'oignon. Retirez la peau qui enferme les œufs de cabillaud. Pressez la mie de pain pour ôter l'excédent de lait.

Mixez les œufs de cabillaud et le pain, ajoutez l'oignon. Montez le tout comme une mayonnaise avec le jaune d'œuf, le jus des citrons et l'huile d'olive versée en filet. Poivrez. Ajoutez une 1/2 tasse à café d'eau pour stabiliser l'émulsion. Mettez en terrine au frais une nuit.

Préparez les blinis : délayez la levure dans un peu de lait tiédi. Cassez les œufs un par un dans une tasse en séparant les blancs des jaunes. Versez la levure dans un saladier. Ajoutez les jaunes d'œufs, salez, sucrez, mélangez. Versez l'huile goutte à goutte et remuez avec une spatule en bois. Ajoutez le reste du lait, la semoule, puis la farine en fouettant bien. Laissez reposer 1 heure.

Après l'heure de repos, montez les blancs d'œufs en neige ferme et incorporez-les délicatement à la pâte.

Faites chauffer un peu d'huile dans une grande poêle à revêtement antiadhésif. Déposez-y 3 petites louches de pâte et laissez cuire 1 minute de chaque côté.

Gardez ces blinis au chaud entre deux assiettes posées sur un bain-marie pendant la cuisson des autres blinis. Servez chaud avec le tarama bien frais.

■ À SAVOURER AVEC UN VIN RÉSINÉ ROSÉ (RETSINA).

Le véritable « tarama » qui sert de base à la confection du taramosalata (que nous appelons improprement tarama) s'achète au détail dans les épiceries grecques. Ce sont des œufs de mulet conservés dans de la saumure ; ils sont très salés, et il n'en faut que très peu (1 à 2 cuillerées à café) pour préparer le taramosalata. Le mulet, ou muge, est un poisson à chair délicate qui se prépare comme le loup. La poutargue de Provence est composée d'œufs de mulet enrobés dans de la cire. Dans l'Antiquité, les cuisiniers conseillaient de le rôtir avec ses écailles pour ne pas altérer la subtilité de son goût.

POUR 6 PERSONNES
150 g de morue séchée
2 œufs entiers et 3 jaunes
3 endives
1 litre de lait
1/2 citron
6 pincées de fromage
de brebis râpé (pecorino)

1 gousse d'ail
quelques pluches de cerfeuil
1 feuille de laurier
quelques graines de fenouil
1 noix de beurre
2 cuillerées à soupe d'huile d'olive
noix muscade, paprika
sel, poivre

Flans de Morue à l'effilochée d'endive

Préparation : *15 min* • **dessalage de la morue :** *15 h au moins, la veille* • **cuisson :** *25 min dont 20 min au bain-marie*

La veille, grattez la morue pour enlever le sel, mettez-la dans de l'eau froide. Renouvelez l'eau toutes les 3 heures. La quatrième fois, mettez la morue dans de l'eau additionnée de 25 cl de lait. Le poisson doit tremper au moins 15 heures.

Le jour même, rincez la morue à grande eau, enlevez la peau et les arêtes. Découpez-la en trois morceaux. Pelez la gousse d'ail, ôtez le germe, écrasez-la du plat de la lame d'un couteau.

Mettez la morue dans 25 cl de lait froid avec 1 cuillerée à soupe d'huile d'olive, l'ail, le laurier et le fenouil. Poivrez, ajoutez 1 ou 2 pincées de noix muscade.

Portez doucement à ébullition. Dès que le lait frémit, stoppez le feu et laissez tiédir.

Retirez le poisson avec une écumoire, réservez dans une passoire. Faites réduire 5 minutes le liquide de cuisson de moitié. Hors du feu, saupoudrez de paprika. Effeuillez la morue.

Préchauffez le four à 200°C (th. 6-7). Faites bouillir 50 cl de lait. Battez les œufs entiers et les jaunes avec du sel et du poivre. Versez-les dans le lait en fouettant bien l'ensemble. Ajoutez le poisson. Beurrez 6 ramequins allant au four. Remplissez-les avec la préparation. Faites cuire 20 minutes au four, au bain-marie.

Lavez les endives, coupez-les en julienne, arrosez-les du jus de citron. Faites-les blondir doucement 5 minutes dans 1 cuillerée à soupe d'huile d'olive chaude.

Sortez les ramequins. Passez la lame d'un couteau le long des parois. Attendez quelques minutes, le temps de passer à table. Posez une assiette sur chaque ramequin, retournez-la rapidement pour démouler le flan. Mettez quelques endives autour, versez un peu de sauce, décorez de pluches de cerfeuil et de pecorino râpé. Servez aussitôt.

■ À SAVOURER AVEC UN RIOJA POUR SES EFFLUVES CAPITEUX.

Moules aux petits Légumes safranés

POUR **6** PERSONNES

2 kg de moules
2 échalotes
1 blanc de poireau
2 carottes
2 branches de céleri
10 cl de vin blanc sec
1 cuillerée à soupe d'huile d'olive
quelques branches d'estragon
12 filaments de safran
sel, poivre

Préparation et cuisson : 30 min

Lavez et préparez les légumes, coupez-les en fine julienne.
Effeuillez l'estragon, réservez les tiges. Pelez les échalotes, hachez-les.
Grattez les moules, lavez-les soigneusement, jetez celles qui sont ouvertes.
Faites bouillir le vin avec 1 échalote. Jetez-y les moules et laissez-les ouvrir
à feu vif. Retirez-les avec une écumoire, filtrez le jus à travers une passoire
tapissée d'une gaze. Éliminez les coquilles.

Dans l'huile d'olive chaude, mettez la seconde échalote hachée, les tiges
d'estragon et les filaments de safran. Laissez cuire jusqu'à ce que l'échalote
devienne translucide. Ajoutez la julienne de légumes, salez, poivrez et laissez
cuire doucement 4 minutes (davantage si les légumes sont coupés plus gros).
Hors du feu, ajoutez les moules. Saupoudrez de feuilles d'estragon et servez
tiède.

■ À SAVOURER AVEC UN CÔTES-DU-LUBERON POUR LA FERMETÉ DE SES TANINS.

*Le safran est une épice précieuse. Dans le Lot, on le cultivait dans les jardins.
C'est ainsi que, du XIIIe au XIXe siècle, s'est déployée l'histoire de l'« or rouge »
du Quercy. Cette histoire renaît aujourd'hui. Les producteurs coupent les fleurs
le matin. Mais au lieu de mettre les stigmates à sécher au soleil comme autrefois,
ils les torréfient. L'épice garde ainsi sa belle couleur dorée.*

POUR **2** PERSONNES

2 petites daurades royales, écaillées et vidées
3 aubergines
2 gousses d'ail
50 g de feta
6 brins de persil plat
quelques graines de fenouil
4 cuillerées à soupe d'huile d'olive
1 cuillerée à café de gros sel gris
fleur de sel, sel, poivre

Préparation : *20 min*
• **cuisson** : *40 min*

Faites bouillir 1 litre d'eau dans une marmite avec le gros sel. Pelez les aubergines, coupez-les en dés. Versez-les dans l'eau bouillante, couvrez et laissez bouillir doucement 5 minutes. Transvasez les aubergines dans une passoire, pressez-les pour enlever l'excédent d'eau.

Préchauffez le four à 150 °C (th. 5). Lavez le persil, pelez l'ail, enlevez le germe, hachez ensemble l'ail et le persil. Coupez la feta en dés. Versez 2 cuillerées à soupe d'huile d'olive au fond d'un plat, mettez les aubergines, le hachis d'ail et de persil, la

feta et 1 cuillerée à soupe d'huile d'olive. Salez, poivrez. Faites cuire 30 minutes au four.

Pendant ce temps, lavez les daurades, garnissez leur ventre de quelques graines de fenouil, posez-les sur la lèchefrite huilée. Versez un peu d'huile d'olive sur chacune, salez, poivrez.

Quand les aubergines sont cuites, actionnez le gril, glissez les daurades dessous et laissez-les cuire de 2 à 4 minutes de chaque côté, selon que vous aimez le poisson plus ou moins cuit. Parsemez de quelques grains de fleur de sel. Pour servir, vous pouvez décorer le plat avec des brins d'aneth.

■ À SAVOURER AVEC UN DAFNÈS ROSÉ DE CRÈTE.

daurade eN Habit vert et rifotto d'épinardf

POUR 2 PERSONNES
1 belle daurade en filets
200 g d'épinards
2 petites tomates
2 cuillerées à soupe
de yaourt
2 brindilles de thym
1 feuille de laurier
sel, poivre

POUR LE RISOTTO
50 g d'épinards
1 tomate
1 petit oignon
50 g de riz lavé
1/2 citron
1 yaourt au lait de brebis
2 cuillerées à soupe d'huile d'olive
sel, poivre

Préparation : 30 min • **cuisson** : 25 min

Préparez le risotto : équeutez, lavez et égouttez les épinards.
Pelez l'oignon et hachez-le. Ébouillantez, pelez et concassez la tomate.

Versez les épinards dans 2 cuillerées à soupe d'huile d'olive chaude, remuez bien. Ajoutez l'oignon, mélangez, mettez la tomate, salez, poivrez.

Versez le riz et laissez sur feu doux jusqu'à ce qu'il soit cuit. Hors du feu, ajoutez le jus du demi-citron.

Préchauffez le four à 250 °C (th. 8-9). Mettez une marmite d'eau salée sur le feu. Coupez et rincez les queues des épinards, plongez-les dans l'eau bouillante 3 minutes, égouttez-les et épongez-les.

Ébouillantez et pelez les tomates, coupez-les en deux, enlevez les pépins, concassez la pulpe.

Posez les feuilles d'épinard sur votre plan de travail de façon à confectionner 2 paupiettes. Salez, poivrez les filets de daurade.

Posez les filets de daurade sur les épinards avec 1 cuillerée à soupe de yaourt, 1 brin de thym, 1/2 feuille de laurier et la moitié des tomates par paupiette. Repliez les feuilles sur le tout. Faites cuire 10 minutes au four.

Servez le poisson avec le risotto.

Présentez le yaourt au lait de brebis à part.

■ À SAVOURER AVEC UN CHÂTEAUNEUF-DU-PAPE.

Le poisson a toujours tenu une grande place dans la civilisation crétoise.
Les cachets de cire de la période minoenne sont ornés de poulpe, de thon,
de dauphin, de phoque, de veau marin. On a même retrouvé une poterie
comportant une représentation de daurade et destinée à conserver le poisson !

1

2

3

4

gambaſ de ſpyroſ

POUR **6** PERSONNES
24 gambas décortiquées
3 tomates mûres
100 g de feta
2 cuillerées à soupe d'ouzo
1 cuillerée à café d'origan séché
1 cuillerée à soupe
de crème fraîche
2 cuillerées à soupe d'huile d'olive
quelques gouttes de tabasco
1 pincée de sucre
sel, poivre

Préparation et cuisson : *20 min*

Ébouillantez, pelez les tomates, ôtez les pépins, concassez la chair dans une jatte, salez, poivrez, sucrez. Ajoutez 1 cuillerée à soupe d'huile d'olive et le tabasco. Versez-les dans une casserole et laissez tiédir 5 minutes à feu très doux.

Faites chauffer 1 cuillerée à soupe d'huile d'olive dans une sauteuse, placez-y les gambas, parsemez-les d'origan, salez et poivrez. Faites-les cuire 2 minutes à feu vif. Réservez dans un plat au chaud.

Versez la crème fraîche, la feta coupée en dés et les tomates dans la sauteuse, mélangez quelques secondes, versez sur les gambas.

Faites chauffer l'ouzo dans une cassolette en cuivre. Portez les gambas à table, versez l'alcool dessus et flambez. Vous pouvez accompagner ce plat de riz cuit à la vapeur. Dans ce cas, pensez à le cuire avant la réalisation de la recette.

■ À SAVOURER AVEC UN GOUMENISSA ROSÉ DE MACÉDOINE.

Oribase est né à Pergame dans les années 325. Il prescrivait le riz pour resserrer le ventre. Sa méthode était pour le moins originale : il lui arrivait ainsi, pour restreindre l'appétit de ses patients, de leur faire respirer des odeurs fortes, celle du bouc par exemple !

saint-jacques aux endives et effluves d'orange

POUR **6** PERSONNES
30 noix de coquilles Saint-Jacques
et leur corail
6 endives
50 g de beurre
1 orange
quelques branches d'aneth
4 cuillerées à soupe d'huile d'olive
sel, poivre

Préparation et cuisson : *20 min*

Lavez, égouttez les endives. Coupez-les en lanières en éliminant
le trognon. Faites-les revenir doucement 5 minutes dans le beurre fondu.

Lavez, égouttez et farinez légèrement les noix de Saint-Jacques.

Faites chauffer l'huile d'olive dans une poêle, faites-y dorer vivement
les Saint-Jacques 2 minutes, salez, poivrez. Retournez-les, versez le jus
de l'orange et laissez caraméliser de 1 à 2 minutes selon leur grosseur.

Mettez les endives dans les assiettes chaudes, déposez les noix
de Saint-Jacques dessus. Ciselez l'aneth au-dessus des assiettes.

■ À SAVOURER AVEC UN BORDEAUX POUR SA RONDEUR.

*L'endive que nous trouvons sur les marchés est blanche
et consommée plutôt en hiver. Crue, elle s'accommode de fromage, comme
la ricotta ou le roquefort, et de noix. Cuite, elle convient bien
aux coquilles Saint-Jacques ainsi qu'au saumon.*

POUR **6** PERSONNES
30 grosses langoustines crues
3 beaux poivrons rouges
1 orange
1 cuillerée à soupe d'huile d'olive
sel, poivre

Langoustines aux poivrons rouges

Préparation et cuisson : *45 min*

Décortiquez les langoustines. Pressez l'orange. Faites bouillir une casserole d'eau. Lavez les poivrons. Dès l'ébullition, plongez-les dans l'eau et laissez-les 5 minutes, égouttez, épluchez les poivrons au couteau économe et coupez-les en lanières fines.

Faites chauffer 1 cuillerée à soupe d'huile d'olive dans une sauteuse, versez-y les poivrons, salez, poivrez. Couvrez et laissez compoter 5 minutes à feu doux.

Ajoutez les langoustines aux poivrons avec le jus de l'orange et poursuivez la cuisson encore 2 minutes à découvert. Servez aussitôt. Salez, poivrez.

■ À SAVOURER AVEC UN CHABLIS.

Les Crétois consomment le poivron vert en salade. Leur cuisine ignore le poivron rouge mais fait une large place aux produits de la mer. L'association des langoustines et du poivron rouge est excellente. Si vous manquez de temps, vous pouvez ne pas éplucher les poivrons. Dans ce cas, comptez une cuisson plus longue (20 minutes).

kakavia

POUR 4 PERSONNES
*1 tête de mérou et 600 g de chair
en tranches
4 carottes
4 petites pommes de terre
charlottes de Noirmoutier
1 oignon
1 grosse pomme de terre (bintje)
2 feuilles de laurier
4 branches de persil
1 branche de romarin
10 cl d'huile d'olive
1 cuillerée à café
de gros sel gris, poivre*

POUR SERVIR
*huile d'olive
citron
fleur de sel*

Préparation : *30 min* • **cuisson** : *1 h*

Préparez tous les légumes : pelez et émincez l'oignon, pelez les pommes de terre, coupez la bintje en dés, grattez les carottes et taillez-les en bâtonnets.

Faites chauffer l'huile d'olive dans une marmite. Faites-y blondir l'oignon, ajoutez les herbes, 2 litres d'eau et le gros sel. Dès l'ébullition, ajoutez les carottes et les pommes de terre. Poivrez. Laissez cuire environ quinze minutes. Quand les légumes sont à point, retirez les petites pommes de terre et les carottes. Réservez au chaud.

Plongez la tête du mérou dans le bouillon et laissez cuire 30 minutes. Ajoutez alors les tranches de poisson et poursuivez la cuisson 10 minutes sans laisser bouillir. Retirez le poisson, réservez-le au chaud.

Passez le bouillon à travers une passoire en écrasant bien tous les ingrédients avec une cuillère en bois.

Versez le bouillon dans une soupière et présentez du pain sec en même temps.

■ À SAVOURER AVEC UN DAPHNÈS ROSÉ DE CRÈTE.

Cette soupe constitue un repas complet car vous servirez le poisson et les légumes dans un second temps. Portez à table une saucière d'huile d'olive assaisonnée de fleur de sel et de jus de citron.

POUR **6** PERSONNES

6 steaks d'espadon

1 orange

1 cuillerée à soupe d'huile d'olive

6 pincées d'origan séché

gros sel gris, poivre

POUR LE TIAN

2 aubergines

2 courgettes

2 gousses d'ail

3 tomates

4 branches de basilic

4 branches de persil

1 cuillerée à soupe d'origan séché

2 cuillerées à soupe d'huile d'olive

gros sel gris, poivre

Préparation : *20 min* • cuisson : *2 h*

Préchauffez le four à 150 °C (th. 5).

Préparez le tian : lavez, égouttez les légumes et le basilic, pelez et hachez l'ail. Coupez les aubergines et les courgettes en rondelles fines. Coupez les tomates en rondelles plus épaisses (environ 5 min). Rangez l'ail dans le fond d'un plat huilé allant au four . Posez les légumes dessus en les faisant alterner. Arrosez avec 2 cuillerées à soupe d'huile d'olive, salez, poivrez. Éparpillez les feuilles de basilic hachées et recouvrez d'une feuille d'aluminium. Laissez cuire 1 heure au four.

Après 1 heure de cuisson, découvrez les légumes et laissez cuire encore 1 heure pour bien les confire et les dessécher. 5 à 10 minutes avant la fin de la cuisson des légumes, faites chauffer l'huile d'olive dans une poêle. Faites dorer l'espadon vivement 1 minute, salez, poivrez, saupoudrez d'origan. Retournez les tranches de poisson, arrosez avec le jus de l'orange, laissez caraméliser. Avant de servir, laissez reposer quelques secondes hors du feu. Décorez de persil ciselé.

■ À SAVOURER AVEC UN ROSÉ DE PROVENCE.

L'espadon arrive sur les marchés à la fin de l'hiver. C'est un poisson fin qui présente l'intérêt de ne pas avoir d'arêtes.

rougets aux Herbes et gratin d'aubergines

POUR 4 PERSONNES

8 rougets de roche, vidés
(sauf le foie) et écaillés
4 cuillerées à soupe d'huile d'olive
4 branches de thym
2 branches de romarin
2 branches de fenouil
4 branches de persil

Pour servir

huile d'olive, citron, fleur de sel

POUR LE GRATIN

2 aubergines lourdes et fermes
4 tomates mûres
1 morceau de pecorino au poivre
(fromage italien de brebis)
3 cuillerées à soupe d'huile d'olive
quelques branches de basilic
2 cuillerées à soupe de gros sel gris
sel, poivre

Préparation : 30 min • **dégorgeage des légumes** : 1 h • **cuisson** : 1 h

Préparez le gratin : enlevez le pédoncule des aubergines, lavez-les, coupez-les en tranches fines, saupoudrez-les de 1 cuillerée à soupe de gros sel. Laissez dégorger 1 heure.

Comme pour les aubergines, lavez les tomates, coupez-les en tranches fines, saupoudrez-les de gros sel et laissez-les dégorger 1 heure.

Préchauffez le four à 150 °C (th. 5).

Coupez le pecorino en lamelles. Essuyez les légumes. Versez 1 cuillerée à soupe d'huile d'olive dans un plat à gratin.

Disposez les tranches d'aubergine et de tomate, en les alternant, dans 4 petits plats à gratin, arrosez avec l'huile d'olive, parsemez de basilic haché, d'un peu de sel et de poivre, terminez par le pecorino râpé. Faites cuire 50 minutes au four.

Huilez les poissons avec le dos d'une cuillère, posez les herbes dessus, salez, poivrez.

Quand les gratins sont cuits, allumez le gril, glissez le plat de rougets dessous. Laissez cuire 1 minute de chaque côté, salez, poivrez.

Préparez un peu d'huile d'olive avec du jus de citron et quelques grains de fleur de sel, servez à part.

■ À SAVOURER AVEC UN VIN ROUGE DE CÉPHALONIE.

En 1871, dans son Art de prolonger la vie, le médecin Hufeland insiste sur les effets de la cuisine recherchée aussi nuisibles à la santé que l'intempérance. Sans suivre ses conseils à la lettre, faisons simple avec cette recette : rien ne vaut un poisson cuit entier, surtout lorsqu'il s'agit d'un rouget de roche !

Loup grillé au fenouil

POUR 2 PERSONNES
1 loup de 700 g,
écaillé et vidé
2 bulbes de fenouil
4 oignons
quelques grains d'anis vert
3 cuillerées à soupe d'huile d'olive
quelques feuilles de basilic
fleur de sel, gros sel gris, poivre

Préparation : *30 min* • **cuisson** : *30 min*

Avant de placer le poisson au réfrigérateur (le temps de réaliser la recette), rincez-le bien, épongez-le, garnissez son ventre de quelques grains d'anis, passez un peu d'huile d'olive sur ses flancs, rangez-le dans un plat allant au four et couvrez avec du film alimentaire.

Pelez les oignons, émincez-les. Nettoyez les fenouils, enlevez les tiges filandreuses, émincez finement les bulbes. Faites fondre les oignons dans 1 cuillerée à soupe d'huile d'olive chaude, ajoutez le fenouil, salez, poivrez, laissez étuver 5 minutes.

Placez le fenouil confit dans la lèchefrite du four et posez le loup dessus. Salez, poivrez, versez 1 cuillerée à soupe d'huile d'olive.

Allumez le gril. Placez la plaque dessous, pas trop près de la source de chaleur. Laissez de 8 à 10 minutes de chaque côté environ.

Servez avec un peu d'huile d'olive coupée de jus de citron et de fleur de sel.

■ ▶ À SAVOURER AVEC UN AMYNTEON ROUGE DE MACÉDOINE.

Dans l'Antiquité, l'anis avait la réputation d'ouvrir l'appétit. Celui de Crète était fort renommé. Il était utilisé pour des gargarismes avec du vinaigre et du miel.

porée marine

POUR 6 PERSONNES

6 noix de coquilles Saint-Jacques
avec leur corail
6 filets de rouget
6 filets de daurade
2 kg de poireaux
6 cuillerées à café
de samos (ou de Noilly-Prat)
8 cuillerées à café
d'huile d'olive
6 pincées de gros sel gris
sel, poivre

Préparation : *30 min* • **cuisson** : *30 min*

Raccourcissez un peu le vert des poireaux, lavez-les en écartant les feuilles, égouttez-les. Coupez-les en rondelles.

Dans une cocotte, faites chauffer 1 cuillerée à soupe d'huile d'olive, ajoutez les poireaux, salez, poivrez. Laissez confire doucement 15 minutes à demi couvert.

Allumez le four à 200 °C (th. 6-7).

Rangez les poireaux au fond de 6 soupières individuelles ou de 6 bols à gratiner. Posez les poissons et les noix de Saint-Jacques dessus. Dans chaque soupière, versez 1 cuillerée à café de samos, 1 cuillerée à café d'huile d'olive, ajoutez 1 pincée de gros sel, donnez 1 tour de moulin à poivre.

Couvrez d'une feuille d'aluminium. Mettez au four et laissez cuire 15 minutes. Éteignez le four, retirez l'aluminium et laissez reposer les soupières ou les bols 5 minutes dans le four.

■ À SAVOURER AVEC UN VIN LÉGER DE CHYPRE COMME LE KYKLO.

C'est depuis le XIVe siècle qu'on appelle « porée » une préparation à base de poireaux. Ce terme est encore utilisé, en Vendée notamment. Mais on cuisinait aussi une porée blanche avec des blettes. Quand on ajoutait des lardons, elle devenait noire.

sardines farcies aux pignons et tian d'épinards

POUR 6 PERSONNES
8 sardines, écaillées et vidées
1 poignée de mie de pain
3 gousses d'ail
75 g de pignons de pin
3 cuillerées à soupe d'huile d'olive
2 feuilles de laurier
quelques branches de thym
1 petit bouquet de persil
sel, poivre

POUR LES ÉPINARDS
750 g d'épinards
3 gousses d'ail
30 cl de lait
1 cuillerée à soupe bombée de farine
6 branches de persil
8 pincées de pecorino râpé
1 cuillerée à soupe d'huile d'olive
1 cuillerée à café rase de sel,
poivre, noix muscade

Préparation : *30 min* • **cuisson** : *40 min*

Préchauffez le four à 175°C (th. 6) en laissant deux grilles à l'intérieur.

Rincez les sardines sous l'eau fraîche et mettez-les à égoutter. Pelez l'ail, hachez-le. Émiettez le pain.

Dans un saladier, mélangez le pain, l'ail, les pignons de pin et l'huile d'olive. Ajoutez sel et poivre.

Farcissez les sardines de ce mélange, rangez-les dans un plat allant au four sur un lit de thym et de laurier.

Triez les épinards, enlevez les feuilles flétries et les tiges. Lavez-les, égouttez-les, hachez-les finement. Disposez-les dans un grand plat.

Épluchez l'ail, hachez-le avec le persil. Délayez la farine avec le lait, ajoutez un peu de noix muscade et 1 cuillerée à soupe d'huile d'olive, mélangez avec l'ail et le persil, versez sur les épinards. Salez, poivrez, et saupoudrez de fromage.

Mettez le plat dans le bas du four et laissez cuire 40 minutes.

Au bout de 20 minutes de cuisson, montez la température à 200°C (th. 6-7).

Attendez 5 minutes et placez les sardines en haut du four, laissez-les cuire 15 minutes en surveillant la cuisson. Au besoin, protégez les sardines par une feuille d'aluminium.

■ À SAVOURER AVEC UN VIN ROUGE DE PROVENCE POUR SA TENDRESSE.

À Rome, on mangeait la sardine en entrée pour ouvrir l'appétit et faciliter la digestion. Comme les concombres, les sardines entraient dans la catégorie des gustatio : elles tapissaient l'estomac avant les agapes. Au Moyen Âge, on les cuisait à l'eau et on les mangeait avec de la moutarde.

Saumon en robe d'aubergine et coulis de tomates

POUR 4 PERSONNES

4 escalopes fines
de saumon d'Écosse
de 120 g chacune
4 belles aubergines
2 crottins de chèvre demi-secs
1 branche de sarriette
10 cl d'huile d'olive
sel, poivre

POUR LE COULIS

4 belles tomates mûres
3 feuilles de basilic frais
1 pincée de sucre
gros sel gris, poivre

Préparation et cuisson : 10 min

Ébouillantez, pelez, coupez les tomates en deux et enlevez les pépins, versez-les dans une passoire, saupoudrez de gros sel et laissez dégorger le temps de préparer les aubergines.

Lavez et essuyez les aubergines. Coupez-les dans le sens de la longueur en tranches fines.

Faites chauffer suffisamment d'huile d'olive dans une grande poêle. Mettez-y plusieurs tranches d'aubergine, salez, poivrez, et laissez cuire 5 minutes de chaque côté. Posez sur du papier absorbant. Recommencez pour les autres tranches.

Mixez les tomates égouttées avec du poivre et le sucre. Au besoin, ajoutez du sel. Coupez grossièrement les feuilles de basilic rincées et épongées, versez le coulis dessus.

Coupez les crottins en deux, saupoudrez-les de sel, de poivre, parsemez de sarriette. Posez 1/2 fromage sur chaque escalope de saumon, repliez celle-ci par-dessus.

Enveloppez le saumon de tranches d'aubergine de façon à confectionner des paupiettes.

Faites chauffer 1 cuillerée à soupe d'huile d'olive dans une poêle, mettez-y les paupiettes et laissez cuire 3 minutes de chaque côté à feu doux.

Attendez 1 minute, feu éteint, avant de servir le saumon entouré du coulis.

■ À SAVOURER AVEC UN CAHORS.

Hormis le saumon, tous les ingrédients de cette recette sont crétois. Mais il serait dommage de se priver de ce poisson qui est excellent et dont les graisses protègent le cœur.

I pageot de 400 g, écaillé et vidé
(soit 200 à 250 g
de chair par personne)
6 petites tomates
en grappes
2 cuillerées à soupe d'huile d'olive
I gousse d'ail
quelques branches de persil
sel, poivre

pageot en papillote et gratin de tomates

Préparation : *10 min* • **cuisson** : *40 min*

Préchauffez le four à 210 °C (th. 7) en laissant deux grilles à l'intérieur.
Rincez le poisson, égouttez-le. Coupez un carré d'aluminium suffisamment
grand pour enfermer le pageot. Posez le poisson dessus, salez, poivrez.
Arrosez avec 1 cuillerée à soupe d'huile d'olive, fermez la papillote.
Posez-la dans un plat allant au four.
Mettez le plat dans le bas du four et laissez cuire 40 minutes.
Pendant ce temps, pelez l'ail, rincez le persil et hachez-les ensemble.
Lavez les tomates, rangez-les bien serrées dans un plat huilé allant
au four. Parsemez-les du hachis d'ail et de persil.
Glissez le plat de tomates 15 minutes avant la fin de la cuisson du pageot
dans le haut du four. Servez le poisson dans sa papillote.

■ À SAVOURER AVEC UN ARCHANÈS ROSÉ DE CRÈTE.

L'espèce de pageot (ou pageau) la plus commune est rose à points bleus,
mais certains dictionnaires font référence à des pageot acarnés appelés ravelles,
très rares. Cette recette demande peu de préparation. Légère et parfumée,
elle limite les odeurs désagréables dans la cuisine... ainsi que la vaisselle !

thon « coſteſ » et tian de courgetteſ

POUR **6** PERSONNES

6 steaks de thon blanc de 120 g chacun
1 bouquet de coriandre fraîche
1 poignée de graines de coriandre concassées
2 cuillerées à soupe d'huile d'olive
6 pincées de fleur de sel
poivre

POUR LE TIAN
de courgettes

2 kg de courgettes
200 g de feta
15 cl de lait
2 cuillerées à soupe d'huile d'olive
sel, poivre, noix muscade

Préparation : *30 min* • **cuisson** : *45 min*

Préchauffez le four à 180 °C (th. 6). Épluchez les courgettes, coupez-les en rondelles. Dans un faitout, mettez 1 cuillerée à soupe d'huile d'olive à chauffer, faites-y dorer les courgettes, salez, poivrez. Laissez cuire 15 minutes à l'étouffée. Versez les courgettes dans une passoire et laissez-les s'égoutter. Coupez la feta en dés.

Versez 1 cuillerée à soupe d'huile d'olive dans un plat à feu. Étalez-y la moitié des courgettes, puis la moitié du fromage émietté, ajoutez un peu de noix muscade. Recommencez avec le reste des courgettes et du fromage. Recouvrez de lait. Faites cuire 30 minutes au four.

De 3 à 5 minutes avant la fin de la cuisson du gratin, saisissez le thon, dans une grande poêle ou sur une plaque, 2 minutes, salez, poivrez. Posez dans des assiettes chaudes, recouvrez de coriandre fraîche ciselée et de graines concassées. Versez sur chaque steak 1/2 cuillerée à café d'huile d'olive et ajoutez quelques grains de fleur de sel.

■ À SAVOURER AVEC UN BUZET.

Les graines de coriandre participent beaucoup aux saveurs de la cuisine crétoise,
tout comme l'huile d'olive. Vous pouvez, selon votre goût, rehausser encore
le parfum de la préparation en augmentant les quantités de coriandre fraîche.

seiches
aux
épinards

POUR 4 PERSONNES

1 kg de seiches
1,5 kg d'épinards
1 oignon
20 cl de vin blanc
1 cuillerée à soupe
de concentré de tomates
4 cuillerées à soupe d'huile d'olive
2 cuillerées à soupe
de persil haché
sel, poivre

Préparation : *45 min* • **cuisson** : *25 min*

Nettoyez les seiches en tirant sur la tête pour extirper le « sac ».
Coupez les tentacules au ras des yeux. Rincez les corps et les tentacules.
Coupez la chair en lanières épaisses.

Équeutez et lavez les épinards. Pelez et émincez l'oignon. Faites revenir
l'oignon dans l'huile d'olive chaude, dans un grand faitout.

Ajoutez les seiches, faites-les dorer quelques secondes à feu vif. Versez
le vin, le concentré de tomates, ajoutez le persil, laissez cuire doucement
10 minutes. Ajoutez les épinards à la préparation et laissez la cuisson
se poursuivre 10 minutes. Salez et poivrez.

■ À SAVOURER AVEC UN BERGERAC ROUGE.

Voici une recette typique qui associe deux aliments fondamentaux
du régime crétois : les épinards et les seiches. Ces dernières font d'ailleurs partie
du « paysage » de l'île : elles sont mises, très souvent, à sécher sur un fil,
tout comme les tomates.

soupe de poisson

POUR 4 PERSONNES
1 belle daurade
2 rougets-grondins moyens
1 petite rascasse
2 tomates
10 petites carottes
5 pommes de terre
2 oignons
1/2 céleri
2 cuillerées à soupe de riz lavé

2 œufs
1 citron
3 cuillerées à soupe d'huile d'olive
gros sel gris, poivre

POUR SERVIR
huile d'olive
citron
fleur de sel

Préparation : 30 min • **cuisson** : 1 h

Ébouillantez les tomates, pelez-les et coupez-les en petits morceaux. Épluchez les pommes de terre et coupez-les en quatre. Pelez les oignons et émincez-les. Grattez et coupez les carottes en bâtonnets. Effilez les branches du céleri et coupez-les également en bâtonnets.

Faites chauffer environ 2 litres d'eau dans une marmite. Ajoutez l'huile d'olive. Salez au gros sel.

Dès l'ébullition, ajoutez les légumes et laissez-les cuire 30 minutes. Retirez les légumes avec une écumoire et mettez les poissons à la place. Salez, poivrez. Laissez cuire 15 minutes.

Retirez les poissons avec l'écumoire. Dépouillez-les en gardant le plus possible de filets entiers. Passez le bouillon et les arêtes au tamis.

Faites réchauffer le bouillon, ajoutez le riz et laissez cuire 10 minutes. Gardez quelques légumes pour la garniture, passez les autres au moulin à légumes, ajoutez-les au bouillon et laissez cuire 5 minutes supplémentaires. Vérifiez l'assaisonnement.

Battez les œufs avec le jus du citron, ajoutez 1 cuillerée à soupe de bouillon, mélangez bien, rajoutez 1 cuillerée de bouillon, tournez, et ainsi de suite jusqu'à ce que le mélange soit bien chaud. Versez dans le bouillon et remuez.

Faites deux services : d'abord le bouillon, ensuite les légumes et le poisson avec, à part, de l'huile d'olive, du citron et de la fleur de sel.

■ À SAVOURER AVEC UN COTEAUX-D'AIX ROSÉ.

Dans l'Antiquité, les médecins prescrivaient déjà la fleur de sel.
Ils en frictionnaient même les malades. La fleur de sel, quintessence du sel, doit être
ajoutée sur les viandes et les poissons au moment de les servir.

POUR 4 PERSONNES
1/2 baron de chevreau
500 g de pois gourmands
6 gousses d'ail
3 branches de thym
1 branche de romarin
1 cuillerée à café
de cannelle en poudre
1 cuillerée à café
de cumin en poudre
4 cuillerées à soupe d'huile d'olive
sel, poivre

chevreau à la jardinière de pois gourmands

Préparation : *15 min* • **cuisson** : *50 min*

Préchauffez le four à 180°C (th. 6).

Versez 1 cuillerée à soupe d'huile d'olive dans la lèchefrite du four. Salez, poivrez, mettez-y l'ail non pelé, le thym et le romarin, posez le chevreau dessus. Salez, poivrez de nouveau, ajoutez la cannelle et le cumin, versez le reste d'huile d'olive.

Quand le four est chaud, enfournez le plat et laissez cuire 40 minutes en vérifiant la cuisson et en arrosant de temps en temps avec le jus de cuisson rendu.

Équeutez et effilez les pois, plongez-les 3 minutes dans de l'eau bouillante, égouttez-les et rafraîchissez-les dans un saladier d'eau glacée.

Après 40 minutes de cuisson du chevreau, ajoutez les pois égouttés autour de la viande et laissez cuire encore 5 minutes.

Éteignez le four et attendez 5 minutes avant de servir.

■ À SAVOURER AVEC UN CÔTES-DU-RHÔNE ROUGE.

Les pois gourmands ont des cosses très plates et une belle couleur verte. Tout se mange dans ces légumes. Ils s'accommodent très bien du cumin et de la cannelle. Il faut les consommer avant le mois d'avril, comme le chevreau.

POUR 8 À 9 PERSONNES

1 carré d'agneau de 2 kg
6 carottes
6 navets nouveaux
12 petites pommes de terre
6 gousses d'ail
1 citron
3 cuillerées à soupe d'huile d'olive
quelques branches de thym
quelques branches de persil
sel, poivre

Préparation : *25 min* • **macération** : *30 min*
• **cuisson** : *40 min (soit 10 min par livre de viande)*

Huilez un grand plat allant au four. posez le carré d'agneau, entourez-le des gousses d'ail non pelées. Saupoudrez de sel, poivre, thym effeuillé. Répartissez l'huile d'olive et laissez macérer 30 minutes.

Préchauffez le four à 200°C (th. 6-7).

Pelez les carottes, coupez-les en quatre de haut en bas. Pelez les navets et les pommes de terre. Rincez les légumes, entourez-en la viande, arrosez-les du jus du citron. Salez, poivrez. Mettez au four et laissez cuire 40 minutes.

Laissez reposer 10 minutes dans le four éteint, porte ouverte. Au moment de servir, saupoudrez de persil haché.

■ À SAVOURER AVEC UN PAUILLAC.

L'ail nouveau arrive sur les marchés en juin. Cuit en chemise (c'est-à-dire non pelé), il devient fondant. Il suffit alors de l'écraser pour lier la sauce et lui donner un subtil goût de noisette. Ses vertus thérapeutiques sont connues depuis des siècles.

Agneau de Lait au blé concassé

POUR **6 PERSONNES**

1 gigot d'agneau de lait coupé en morceaux
250 g de boulghour
125 g d'olives noires
4 oignons
3 gousses d'ail
2 yaourts au lait de brebis
2 citrons
6 clous de girofle
6 graines de cardamome
1 feuille de laurier
quelques branches de menthe fraîche

1 cuillerée à café de cannelle et de cumin en poudre
1 pincée de piment doux
3 cuillerées à soupe d'huile d'olive
sel, poivre

Préparation : *10 min* • **trempage du boulghour** : *24 h* • **cuisson** : *25 min*

La veille, faites tremper le boulghour dans une terrine d'eau froide.

Le jour même, égouttez le boulghour. Pelez et émincez les oignons, faites-les dorer dans l'huile d'olive chaude.

Ajoutez la cannelle, le cumin, les clous de girofle, la cardamome écrasée et le laurier. Mélangez bien.

Ajoutez ensuite la viande, les yaourts, le piment doux, l'ail non pelé et les olives. Salez, poivrez. Couvrez et laissez mijoter 15 minutes.

Recouvrez la viande avec le boulghour. Versez le jus des citrons. Rectifiez l'assaisonnement. Couvrez et laissez cuire 5 minutes supplémentaires. Ciselez la menthe au-dessus de la viande et servez.

■ À SAVOURER AVEC UN MINERVOIS.

L'agneau de lait est âgé de 4 à 6 semaines. Il se cuisine à point. La saveur de sa chair est ici subtilement exaltée par les clous de girofle et les graines de cardamome.

gigot d'agneau à la confiture d'aubergines

POUR **6 À 8 PERSONNES**

1 gigot désossé, coupé en 18 morceaux environ
4 aubergines moyennes
4 oignons moyens
6 gousses d'ail
18 fonds d'artichaut surgelés
1 citron
5 cuillerées à soupe d'huile d'olive
6 branches de persil
3 branches de thym
2 feuilles de laurier
sel, poivre

Préparation : *10 min* • **cuisson** : *40 min*

Faites bouillir une grande casserole d'eau, ajoutez le jus du citron, plongez-y la moitié des fonds d'artichaut et comptez 5 minutes à partir de la reprise de l'ébullition.

Retirez les fonds avec une écumoire et mettez-les dans une passoire. Plongez le reste des artichauts dans l'eau bouillante et attendez également 5 minutes à partir de la reprise de l'ébullition. Laissez-les égoutter.

Pelez et émincez les oignons. Rincez et épongez le persil. Coupez les aubergines en gros dés.

Dégraissez la viande. Salez-la, poivrez-la et parsemez-la de thym effeuillé.

Faites chauffer 2 cuillerées à soupe d'huile d'olive dans une grande cocotte et faites-y dorer la viande, retirez-la avec une écumoire et déposez-la dans un plat.

Reversez 3 cuillerées à soupe d'huile d'olive dans la cocotte, faites-y blondir les oignons quelques secondes, salez, poivrez.

Ajoutez les aubergines, mélangez bien et laissez cuire quelques minutes pour faire évaporer l'eau de végétation. Salez, poivrez.

Ajoutez 2 branches de persil, le laurier et l'ail non pelé dans la cocotte. Remettez la viande et posez les artichauts dessus. Couvrez et laissez cuire doucement de 30 à 40 minutes.

Présentez la viande au centre de chaque assiette, entourée des fonds d'artichaut emplis de confiture d'oignons et d'aubergines. Ciselez le reste du persil au-dessus pour donner de la couleur.

■ À SAVOURER AVEC UN CHÂTEAUNEUF-DU-PAPE.

Vous pouvez accompagner ce plat d'un riz pilaf parfumé au curcuma.
Sa belle couleur dorée donnera de l'éclat à cette recette. Dans ce cas, comptez de 200 à 250 g de riz, basmati de préférence.

Youvetʃi

POUR 6 PERSONNES

1 beau poulet fermier de 1,8 kg
coupé en morceaux
500 g de tomates
500 g de petites pâtes (fusillinis ou
langues d'oiseau)
1 oignon
20 cl de vin blanc
1 bâton de cannelle
2 feuilles de laurier
50 g de parmesan ou de pecorino
10 cl d'huile d'olive
1 cuillerée à café de gros sel gris,
poivre

Préparation : 30 min • **cuisson** : 45 min

Ébouillantez les tomates, pelez-les, épépinez-les et concassez-les. Pelez et râpez l'oignon.

Préchauffez le four à 180 °C (th. 6).

Faites chauffer l'huile d'olive dans une cocotte, faites-y dorer 5 minutes le poulet sur toutes ses faces avec le gros sel et du poivre. Ajoutez les tomates, le vin blanc, l'oignon, le laurier, la cannelle. Couvrez. Laissez mijoter de 20 à 30 minutes. Retirez le poulet de la cocotte avec une écumoire.

Dans un grand plat à feu, disposez les pâtes, versez la sauce de cuisson du poulet, vérifiez l'assaisonnement et mélangez bien. Posez le poulet sur les pâtes, recouvrez de fromage râpé. Faites cuire 15 minutes au four. Surveillez la cuisson. Au besoin, ajoutez un peu d'eau si vous voyez que les pâtes accrochent.

Quand les pâtes sont cuites, passez le plat sous le gril quelques secondes.

■ À SAVOURER AVEC UN MINERVOIS.

En 1825, les docteurs Buchez et Trélat expliquent qu'il ne faut pas abuser des viandes fumées. Ils préconisent plutôt la volaille pour rester en bonne santé.

POUR **6** PERSONNES
1 épaule d'agneau de 1,5 kg
1 petit bouquet de thym
1 cuillerée à soupe d'huile d'olive

POUR LA RATATOUILLE
3 aubergines
3 courgettes

2 poivrons (1 vert et 1 rouge)
2 carottes
4 tomates
2 oignons
2 gousses d'ail
7 cuillerées à soupe d'huile d'olive
3 branches de basilic
gros sel gris, sel, poivre

kleftiko et ratatouille crétoise

Préparation : 1 h • cuisson : 1 h

Préchauffez le four à 200°C (th. 6-7).

Mettez l'épaule sur un lit de thym, avec sel, poivre et 1 cuillerée à soupe d'huile d'olive, dans un plat en terre ou une cocotte. Couvrez, mettez au four et laissez cuire 1 heure.

Pendant ce temps, préparez la ratatouille : lavez les aubergines, les courgettes, les poivrons et les tomates. Retirez les pédoncules. Coupez les aubergines et les courgettes en rondelles moyennes. Coupez les poivrons en lanières épaisses. Coupez les tomates en quartiers. Grattez les carottes et coupez-les en rondelles fines. Pelez l'ail et retirez le germe, écrasez-le du plat de la lame d'un couteau. Pelez les oignons et émincez-les. Lavez et épongez le basilic.

Dans une cocotte, faites revenir successivement, avec 4 cuillerées à soupe d'huile d'olive et 1 cuillerée à café de gros sel, les aubergines, les courgettes, les carottes et enfin les poivrons. Égouttez-les au fur et à mesure. Mettez-les dans un plat allant au four avec les feuilles de basilic entières et l'ail.

Faites chauffer 1 cuillerée à soupe d'huile d'olive dans la cocotte et faites-y blondir les oignons 5 minutes. Étalez-les sur les légumes. Posez les tomates dessus. Salez, poivrez, arrosez avec 2 cuillerées à soupe d'huile d'olive.

Quand l'épaule a cuit 45 minutes, baissez la température du four à 180°C (th. 6) et enfournez le plat de légumes. Laissez-le 15 minutes le temps de confire les tomates. De ce fait, l'épaule et la ratatouille finissent de cuire en même temps.

■ À SAVOURER AVEC UN HAUT-MÉDOC.

L'histoire raconte que deux maquisards volèrent un agneau, d'où le nom du plat («klefticos» signifiant «volé»). L'un le porte sur ses épaules tandis que l'autre le dépouille. Les voleurs descendent vers le rivage, lavent l'agneau dans l'eau de mer, font en sorte d'introduire l'agneau dans la poche de son estomac. Ils creusent un trou dans le sable, y nichent l'agneau, le recouvrent de branches et mettent le feu. De ce fait, le larcin est invisible et, comme la cuisson se fait à l'étouffée, les saveurs sont préservées.

gigot d'agneau au jus d'épices et aux poivrons

POUR **8** PERSONNES
1 beau gigot de 2 kg environ
5 poivrons rouges ou jaunes
6 gousses d'ail
1 citron
1 cuillerée à café de cannelle,
1 cuillerée à café de coriandre
en poudre
1 cuillerée à café de paprika
et d'origan

1 cuillerée à café de cumin,
8 graines de cardamome
10 clous de girofle
3 cuillerées à soupe
d'huile d'olive
1 petit bouquet de persil
1 feuille de laurier
1 cuillerée à café
de gros sel gris
poivre

Préparation : *30 min* • **cuisson** : *40 min*

Lavez, essuyez les poivrons. Coupez-les en lanières fines. Rincez le persil, épongez-le.

Versez 1 cuillerée à soupe d'huile d'olive dans la lèchefrite du four, parsemez de gros sel et de poivre. Rangez-y les poivrons avec le laurier, les clous de girofle et la cardamome.

Posez le gigot dessus. Répartissez l'ail non pelé autour. Saupoudrez de cannelle, cumin, coriandre, paprika et origan. Arrosez avec 2 cuillerées à soupe d'huile d'olive.

Coupez le citron en deux. Piquez une fourchette dans chaque moitié et pressez-les au-dessus du gigot.

Préchauffez le four à 225°C (th. 7-8).

Mettez le plat dans le four chaud et laissez cuire 40 minutes. Laissez ensuite reposer 10 minutes dans le four éteint, porte ouverte. Servez parsemé de persil ciselé.

■ À SAVOURER AVEC UN HERMITAGE.

Au XVIe siècle, en prévention des maladies, les médecins n'hésitaient pas à prescrire de l'ail. On en mangeait tant à Paris pendant le mois de mai, que l'air en était tout empesté.

paupiettes de Lapin au chèvre et à La menthe

POUR **5** PERSONNES
*1 beau lapin de 1,6 kg,
désossé par le volailler
350 g de pâtes fraîches
1/2 crépine de porc
3 fromages de chèvre demi-secs
1 yaourt
1 bouquet de menthe fraîche
huile d'olive
sel, poivre*

Préparation : *20 min* • **cuisson** : *30 min*

Rincez la crépine, égouttez-la. Dans un saladier, mélangez le chèvre et la menthe ciselée. Réservez un peu de menthe pour la décoration. Salez, poivrez.

Étalez la crépine sur la table. Coupez le lapin en 5 morceaux. Mettez 1 boule de farce au milieu de chacun et enveloppez chaque morceau de crépine. Gardez un peu de farce pour la sauce. Rangez dans une cocotte en fonte ou une sauteuse en cuivre.

Préchauffez le four à 200 °C (th. 6-7). Enfournez les paupiettes dans le four chaud et laissez cuire 30 minutes.

Faites cuire les pâtes selon le temps indiqué sur le paquet dans un grand volume d'eau salée avec quelques gouttes d'huile d'olive. Quand elles sont *al dente*, égouttez-les et répartissez-les dans les assiettes. Posez un morceau de lapin dessus. Réservez au chaud.

Mélangez le reste de farce avec le yaourt. Mettez la cocotte ou la sauteuse sur le feu, versez-y la sauce au yaourt, grattez bien le fond pour dissoudre les sucs. Hors du feu, parsemez de menthe fraîche ciselée.
Versez sur les pâtes.

■ À SAVOURER AVEC UN CAHORS.

En 1762, un certain docteur Jacquin recommande aux personnes mélancoliques de consommer, en raison de leur estomac fragile, des volailles aux herbes potagères. C'est la grande vertu de ce plat : être digeste.

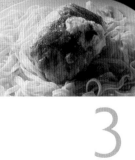

escalopes de veau aux pignons et tomates brûlées

POUR 6 PERSONNES

6 escalopes de veau, fines et larges
2 échalotes
2 gousses d'ail
6 pincées de gruyère râpé
6 boulettes de mie de pain (une noix)
25 cl de lait
50 g de pignons de pin
1 cuillerée à soupe d'huile d'olive
quelques branches de persil
noix muscade, sel, poivre

POUR LA GARNITURE

6 grosses tomates
1 gousse d'ail
1 cuillerée à soupe d'huile d'olive
quelques branches de persil
sucre, sel, poivre

Préparation : 2 h • **cuisson** : 30 min • **macération** : 1 h

Mettez les escalopes dans un plat creux, salez, poivrez, recouvrez de lait, ajoutez 1 pincée de noix muscade et laissez macérer 1 heure au frais.

Mettez la mie de pain à tremper dans un peu de lait tiède. Rincez le persil, pelez les échalotes et l'ail (enlevez le germe), hachez le tout.

Préchauffez le four à 210°C (th. 7), en laissant les deux grilles à l'intérieur.

Préparez la garniture : pelez l'ail et hachez-le avec le persil. Passez les tomates sous l'eau froide et coupez-les en deux. Rangez les tomates dans un plat à feu huilé, versez 1 goutte d'huile d'olive sur chaque demi-tomate, 1 pincée de sel et de sucre, donnez 1 tour de moulin à poivre, ajoutez un peu du hachis de persil et d'ail.

Confectionnez une farce avec les échalotes, l'ail et le persil hachés, le gruyère, la mie de pain égouttée et les pignons de pin.

Essuyez les escalopes, tartinez chacune d'elles d'un peu de farce. Enduisez un plat allant au four d'huile d'olive, rangez-y les escalopes en les roulant sur elles-mêmes avec un pic.

Mettez les deux plats au four en plaçant les tomates en haut, et laissez cuire 30 minutes.

■ À SAVOURER AVEC UN CHINON ROUGE.

Vous pouvez préparer un grand plat de tomates. Même le lendemain elles seront bonnes, confites par le sucre et la cuisson. Il vous suffira de casser des œufs dessus et de les passer sous le gril.

1 beau poulet fermier de 1,8 kg
préparé en crapaudine
12 petites pommes
de terre à chair ferme
(BF 15, roseval, ratte)
4 cuillerées à soupe d'huile d'olive
1 citron
quelques branches
de thym
quelques branches
de persil plat
sel, poivre

pouLet du citron perſiLLé et petſ de patate

Préparation : *15 min* • **macération** : *quelques heures* • **cuisson** : *45 min*

Quelques heures avant le repas, mettez le poulet à mariner dans le plat de cuisson avec l'huile d'olive, le jus du citron, le thym, du sel et du poivre.
Préchauffez le four à 180 °C (th. 6).
Pelez les pommes de terre, lavez-les et rangez-les autour du poulet. Glissez le plat en haut du four et laissez cuire 45 minutes sans plus vous soucier de rien. Le poulet doit être bien grillé, les pommes de terre boursouflées. Au besoin, augmentez la chaleur.
Au moment de porter le plat à table, parsemez-le de persil ciselé.

■ À SAVOURER AVEC UN ARBOIS ROUGE.

Du XVIIᵉ au XVIIIᵉ siècle, la vie mondaine complique les mœurs. En 1690, le duc d'Aumont fait servir 171 plats pour 42 invités. Madame de Sévigné regrette la vie simple qu'elle mène aux Rochers. Son choix se porte vers des nourritures naturelles. Elle préfère l'agneau et le poulet au bœuf. Sans le savoir, la bonne marquise choisissait ses viandes à la mode crétoise !

1 kg d'échine de porc
coupée en petits morceaux
(poids désossé)
2 kg de poireaux
1 oignon
3 feuilles de sauge
2 cuillerées à soupe d'huile d'olive
1 pointe de noix muscade
sel, poivre

émincé de porc aux poireaux

Préparation : 25 min • cuisson : 30 min

Coupez une partie du vert des poireaux. Fendez-les, passez-les sous l'eau froide en veillant à bien enlever la terre logée entre les feuilles, égouttez-les. Coupez-les en rondelles fines. Pelez et émincez l'oignon.

Rincez la sauge.

Faites chauffer 1 cuillerée à soupe d'huile d'olive dans une cocotte en fonte et faites-y dorer l'oignon. Ajoutez les poireaux, la noix muscade, salez, poivrez. Laissez cuire à feu doux 5 minutes, à découvert. Versez la seconde cuillerée à soupe d'huile d'olive, ajoutez les morceaux de porc et la sauge.

Couvrez et laissez confire doucement environ 20 minutes.

Découvrez à mi-cuisson pour éviter un excédent de jus.

■ À SAVOURER AVEC UN CORTON.

Selon Claude Galien, le célèbre médecin romain, le poireau entre dans la catégorie des aliments « atténuants », tandis que le porc fait partie des aliments « incrassants », c'est-à-dire hypercaloriques.

En somme, une recette équilibrée !

cailles du chou et aux baies de genièvre

POUR 4 PERSONNES

4 belles cailles
1 chou vert
1 poignée de raisins secs
8 baies de genièvre
1 cuillerée à soupe d'huile d'olive
4 feuilles de sauge
sel, poivre

Préparation : *15 min* • **cuisson** : *30 min*

Mettez 2 litres d'eau à chauffer. Lavez le chou, enlevez les feuilles flétries, coupez-le en quatre. Dès l'ébullition, salez l'eau et plongez-y le chou. Laissez reprendre l'ébullition et attendez 5 minutes, égouttez le chou dans une passoire.

Préchauffez le four à 225 °C (th. 7-8).

Remplissez le ventre des cailles de raisins secs, salez, poivrez. Réservez quelques raisins pour la garniture. Faites chauffer l'huile d'olive dans une cocotte, mettez-y les cailles à dorer 5 minutes sur toutes leurs faces, salez, poivrez. Éteignez le feu.

Débarrassez le chou du trognon et des côtes. Coupez-le en fines lanières. Recouvrez les cailles de la moitié des lanières de chou, ajoutez le reste des raisins, le genièvre et la sauge. Versez le reste du chou, salez, poivrez. Fermez la cocotte et enfournez pour 20 à 25 minutes.

Servez chaque caille sur un lit de chou.

■ À SAVOURER AVEC UN CANON-FRONSAC.

Le meilleur chou est celui qui arrive en automne sur les marchés ; il est d'un vert sombre : c'est le milan. Le chou blanc apparaît dès la fin du mois de juin ; c'est une espèce de cabus. Il a un avantage : on n'est pas obligé de le blanchir et on peut le manger en salade.

pigeons aux noix et crêpes de pavot

POUR 4 PERSONNES
4 petits pigeons
500 g de raisin frais
8 noix fraîches
2 cuillerées à soupe d'huile d'olive
1 cuillerée à soupe
de vinaigre de vin
thym, laurier

POUR LES CRÊPES
100 g farine
1 œuf et 1 jaune
25 cl de lait
50 g de graines de pavot
1 cuillerée à soupe d'huile d'olive
sel, poivre

Préparation : 25 min • **macération** : 1 h
• **repos de la pâte** : 1 h • **cuisson** : 40 min

Huilez un plat allant au four, saupoudrez-le de thym et de laurier.
Posez dedans les pigeons. Arrosez les pigeons d'un peu d'huile d'olive
et de vinaigre. Laissez macérer 1 heure au frais.

Cassez les noix. Lavez le raisin, détachez les grains. Avec la pointe
d'un couteau, ôtez les pépins au-dessus d'un saladier pour recueillir le jus.
Laissez les grains de raisin dans leur jus avec les noix.

Préparez la pâte à crêpes : dans un plat, battez l'œuf entier et le jaune avec
la farine. Salez, poivrez, ajoutez le lait et les graines de pavot. Fouettez bien.
Laissez reposer la pâte 1 heure au frais.

Préchauffez le four à 230 °C (th. 7-8).

Mettez les pigeons dans le four chaud et laissez cuire 40 minutes.

Faites chauffer un peu d'huile d'olive dans une poêle.

Versez trois demi-louches de pâte en les espaçant. Laissez cuire 1 minute
à feu doux sur une face.

Retournez ces trois crêpes, faites-les cuire 1 minute sur l'autre face
et mettez-les en attente au chaud pendant que vous faites les autres crêpes.

5 minutes avant la fin de la cuisson des pigeons, ajoutez le raisin
et les noix dans le plat.

Vous pouvez servir les crêpes à part ou les disposer autour du pigeon.

■ À SAVOURER AVEC UN CROZES-HERMITAGE.

*Asclépiade de Bithynie exerçait son métier de médecin au 1er siècle, sous
Pompée. Fervent adepte de l'eau, il reçut le titre de « donneur d'eau froide », mais
il prescrivait aussi des décoctions de pavot ou jusquiame en cas de fièvres légères.*

Soupe avgolemono et salade de pigeon

POUR 4 PERSONNES

2 pigeons
250 g de mesclun
100 g de riz lavé
4 abricots secs
6 noix
2 œufs
1 citron
50 g de parmesan ou de pecorino
500 g de tomates

4 cuillerées à soupe d'huile d'olive
1 cuillerée à soupe
de vinaigre balsamique
6 brins de menthe fraîche
6 filaments de safran
100 g de fèves écossées
50 g d'amandes non pelées
1 cuillerée à café de gros sel
sel, poivre

Préparation : *30 min* • **cuisson** : *30 min*

Faites bouillir 2 litres d'eau dans une casserole. Ajoutez le gros sel.

Dès l'ébullition, plongez les pigeons dans l'eau, poivrez et laissez cuire doucement 15 minutes. Enlevez les pigeons avec une écumoire.

Faites repartir l'ébullition, versez le riz égoutté dans la casserole et laissez cuire de 10 à 20 minutes selon le temps de cuisson du riz choisi.

Battez les œufs avec du sel et du poivre. Goutte à goutte, ajoutez le jus du citron puis, louche après louche, le bouillon, en fouettant vivement pour obtenir une sauce avgolemono onctueuse, servie comme soupe.

Vous servirez cette soupe avec du pecorino ou du parmesan râpé, le jus d'un citron assaisonné de quelques gouttes d'huile d'olive.

Plongez les fèves ainsi que les amandes 5 minutes dans de l'eau bouillante salée. Égouttez-les et pelez-les. Cassez les noix. Rincez, égouttez le mesclun, réservez dans un linge au frais. Rincez les abricots, coupez-les en deux.

Lavez les tomates et coupez-les en quartiers. Préparez une vinaigrette avec l'huile d'olive, le vinaigre balsamique, le safran, du sel et du poivre.

Désossez les pigeons, mettez leur chair dans un saladier avec les abricots, les amandes, les fèves et les tomates. Versez la moitié de la vinaigrette, remuez.

Servez sur le mesclun assaisonné avec le reste de la vinaigrette, recouvrez de pecorino émincé finement. Ciselez la menthe fraîche dessus, puis décorez avec quelques feuilles entières.

■ À SAVOURER AVEC UN LISTRAC-MÉDOC POUR SA POINTE DE CANNELLE.

Voilà un véritable plat complet. Les pigeons achetés chez le volailler sont des pigeonneaux jeunes et sains. Les médecins de l'Antiquité préconisaient la consommation d'oiseaux dans les régimes alimentaires.

POUR 4 PERSONNES
2 beaux magrets de canard
2 poivrons rouges
2 poivrons jaunes
1 orange
1 cuillerée à soupe d'huile d'olive
quelques feuilles
de basilic
sel, poivre

magrets à l'orange en compotée de poivron

Préparation : *15 min* • **cuisson** : *15 min*

Lavez et essuyez les poivrons. Plongez-les 5 minutes dans un grand volume d'eau bouillante, égouttez-les. Pelez-les avec un couteau économe et coupez-les en dés.

Faites dorer les poivrons dans l'huile chaude, salez, poivrez. Laissez compoter environ 10 minutes.

Pendant ce temps, faites chauffer une poêle ou un gril à feu vif. Faites-y cuire 10 minutes les magrets côté peau. Quand la peau est bien dorée, retournez-les, salez, poivrez. Laissez cuire encore 5 minutes.

Retirez les magrets (le sang doit perler lorsque vous les piquez) et enfouissez-les dans les poivrons. Versez dessus le jus de l'orange et laissez caraméliser.

Faites chauffer les assiettes. Mettez les magrets coupés en lamelles fines d'un côté, les poivrons de l'autre. Ajoutez les feuilles de basilic grossièrement déchirées.

■ À SAVOURER AVEC UN CANON-FRONSAC.

Les magrets n'ont rien de crétois ; cependant, comme les canards (papia en grec) contiennent certains bons acides gras, on peut les intégrer au régime crétois. De plus, c'est délicieux et facile à préparer. Attention néanmoins aux éclaboussures !

pintade en croûte de thym et cake de polenta

POUR 6 PERSONNES

1 belle pintade ouverte en crapaudine
1 pamplemousse
1/2 citron
6 pommes (granny-smith)
3 cuillerées à soupe d'huile d'olive
quelques branches de thym
1 cuillerée à café de fleur de sel
sel, poivre

POUR LE CAKE

200 g de semoule de maïs
1 noix de beurre
50 g de parmesan
3 pincées de graines de sésame
2 branches de persil
2 cuillerées à soupe d'huile d'olive
sel, poivre, noix muscade

Préparation : *30 min* • **macération** : *2 à 3 h* • **cuisson** : *40 min*

Mêlez l'huile d'olive et le jus du pamplemousse. Versez la moitié du mélange dans un grand plat allant au four. Saupoudrez de fleur de sel, poivrez, émiettez la moitié du thym, posez dessus la pintade bien à plat. Versez le reste du mélange au pamplemousse, parsemez du reste de thym, saupoudrez d'un peu de sel fin, poivrez. Laissez macérer de 2 à 3 heures sous une feuille d'aluminium.

Préchauffez le four à 175 °C (th. 5-6) en laissant deux grilles à l'intérieur.

Pelez les pommes, coupez-les en deux de façon à voir la rosace centrale, enlevez les pépins, arrosez du jus du demi-citron. Quand le four est chaud, enfournez la pintade sur la grille la plus haute et laissez-la cuire 30 minutes.

Préparez le cake : versez 1 litre d'eau dans une casserole. Salez largement, poivrez, ajoutez de la noix muscade et 2 cuillerées à soupe d'huile d'olive. Dès que l'eau bout, réduisez à feu très doux. Versez la semoule en pluie et tournez sans cesse jusqu'à épaississement mais sans trop sécher la pâte.

Hors du feu, ajoutez une noix de beurre et un peu de parmesan râpé. Versez dans un moule à cake en porcelaine huilé. Garnissez de copeaux de parmesan taillés avec un large couteau économe, de graines de sésame et de persil haché. Laissez tiédir sous un torchon.

Après 30 minutes de cuisson, mettez les pommes autour de la pintade en plaçant la face coupée vers le haut et glissez le plat sur la grille la plus basse.

Enfournez en même temps le cake de polenta sur la grille haute. Comptez 10 minutes et portez aussitôt à table.

■ À SAVOURER AVEC UN POMEROL POUR SON VELOURS.

C'est vers 1560 que la pintade est introduite en France. Si les Égyptiens la considéraient comme un gibier, elle a été tenue par la suite pour un animal nuisible puis sacré, avant d'être domestiquée et consommée. On l'appelle alors « poule de Turquie » ou « poule d'Inde ».

125 g de fettucines aux œufs
3 tomates en grappe
6 feuilles de basilic
2 cuillerées à soupe d'huile d'olive
1 cuillerée à soupe
de vinaigre balsamique
gros sel, sel, poivre

fettucine∫ de L'impatiente

Préparation : *10 min* • **cuisson** : *celle des pâtes*

Faites bouillir une grande casserole d'eau additionnée de quelques gouttes d'huile d'olive. Plongez-y les pâtes, ajoutez du gros sel et laissez cuire selon le temps indiqué sur le paquet à partir de la reprise de l'ébullition.

Pendant la cuisson des pâtes, rincez, essuyez et coupez les tomates en quartiers. Coupez le basilic grossièrement.

Lorsque les pâtes sont *al dente*, égouttez-les puis répartissez-les dans les assiettes. Assaisonnez de 1 cuillerée à soupe d'huile d'olive.

Rangez les quartiers de tomate et le basilic sur les pâtes, versez la seconde cuillerée à soupe d'huile et le vinaigre, salez, poivrez.

■ À SAVOURER AVEC UN COLLIOURE ROUGE POUR SA TENDRESSE.

Vous disposez de peu de temps pour cuisiner. Laissez alors votre imagination vagabonder : saumon fumé, tuiles de parmesan peuvent faire de cet en-cas un vrai repas. En 1819, le docteur Étienne Brunaud écrit De l'hygiène des gens de lettres. *Selon lui, les intellectuels ont un estomac fragile. Il leur conseille des aliments particuliers, parmi lesquels les pâtes. À l'époque, certains médecins insistaient déjà sur les vertus de ce que nous appelons les « sucres lents ».*

fettucines au pecorino

POUR 6 PERSONNES

500 g de fettucines aux œufs
300 g de pecorino au poivre
3 cuillerées à soupe d'huile d'olive
2 yaourts
12 noix
1 branche de thym
1 cuillerée à café de gros sel gris
quelques gouttes de vinaigre balsamique

Préparation : *10 min* • **cuisson** : *celle des pâtes*

Mettez une grande marmite d'eau additionnée de quelques gouttes d'huile d'olive sur le feu. Dès l'ébullition, jetez-y les pâtes, salez au gros sel. Laissez cuire à petits bouillons selon le temps indiqué sur le paquet.

Cassez les noix.

Coupez le fromage en lamelles, mettez-le dans une casserole à fond épais avec les yaourts, l'huile d'olive et le thym. Faites chauffer à feu doux ou sur un diffuseur de chaleur. Mélangez bien pour homogénéiser la sauce. Laissez fondre doucement 1 minute.

Égouttez les pâtes, versez la sauce dessus et ajoutez quelques gouttes de vinaigre. Décorez de noix.

■ À SAVOURER AVEC UN BEAUJOLAIS-VILLAGES.

Le pecorino est un fromage de brebis sicilien, avec ou sans poivre. Associé aux noix, il permet de réaliser un plat complet et rapide.

POUR 6 PERSONNES

1 kg de calmars frais, pas trop gros
500 g de spaghettis
1 poivron
2 tomates
1 oignon
2 gousses d'ail

1 petite boîte
de concentré de tomates
3 clous de girofle
1 piment concassé
2 cuillerées à soupe d'huile d'olive
quelques tiges d'estragon
1 petit bouquet de persil
1/2 feuille de laurier
sel, poivre

spaghettis aux calmars

Préparation : *30 min* • **cuisson** : *30 min*

Coupez les tentacules des calmars au ras des yeux. Ouvrez les calmars avec des ciseaux, enlevez l'intérieur puis lavez les corps, coupez-les en lanières. Faites de même pour les tentacules, salez, poivrez. Faites frire le tout dans 1 cuillerée à soupe d'huile d'olive chaude et jetez dans une passoire.

Pelez et hachez l'oignon. Coupez les tomates en deux, pressez-les pour ôter les pépins et l'eau de végétation.

Hachez le poivron lavé et épépiné ainsi que le persil. Pelez l'ail.

Dans 1 cuillerée à soupe d'huile d'olive chaude, faites revenir l'oignon et le poivron hachés. Ajoutez les tomates, salez, poivrez, laissez réduire 5 minutes.

Versez le concentré de tomates, l'ail écrasé, les calmars égouttés, les clous de girofle, le piment, le laurier, le persil. Laissez cuire doucement 20 minutes.

Hors du feu, parsemez de feuilles d'estragon.

Peu avant la fin de la cuisson des calmars, faites cuire les spaghettis dans un grand volume d'eau salée additionnée de quelques gouttes d'huile d'olive. Respectez le temps de cuisson indiqué sur le paquet.

Une fois que les pâtes sont cuites *al dente*, égouttez-les. Versez-les dans le plat de service, recouvrez avec la sauce aux calmars.

■ À SAVOURER AVEC UN VIN ROUGE DE TOSCANE.

On affirmait à Rome que l'estragon était stomachique.
Cette herbe, très parfumée, doit être utilisée avec modération.
Quelques feuilles suffisent pour parfumer un plat.

tagliatelles aux moules

POUR 6 PERSONNES

500 g de tagliatelles
2 litres de moules
3 tomates
2 échalotes
2 gousses d'ail
3 cuillerées à soupe d'huile d'olive
quelques branches de persil
1 cuillerée à café
de gros sel
sel, poivre

Préparation : 30 min • **cuisson** : 15 à 20 min

Pelez les échalotes, hachez-les. Nettoyez les coquillages. Jetez-les dans une poêle chaude avec 2 cuillerées à soupe d'huile d'olive, les échalotes et 2 branches de persil. Dès que les moules sont ouvertes, retirez-les avec une écumoire. Filtrez le jus à travers une passoire tapissée d'une gaze et réservez-le. Débarrassez les moules de leurs coquilles.

Faites chauffer un grand volume d'eau additionnée de quelques gouttes d'huile d'olive. Jetez-y les pâtes dès l'ébullition, ajoutez du gros sel, couvrez, laissez reprendre l'ébullition. Quand les pâtes sont al dente, égouttez-les rapidement et versez dessus quelques gouttes d'huile d'olive.

Pendant ce temps, pelez l'ail, retirez le germe et écrasez les gousses. Lavez, épépinez et coupez les tomates. Faites chauffer la troisième cuillerée d'huile d'olive, ajoutez l'ail, les tomates, le reste du persil coupé aux ciseaux, le jus des moules. Salez, poivrez. Laissez réduire 5 minutes. Hors du feu, ajoutez les moules aux tomates, mélangez et versez sur les tagliatelles.

■ À SAVOURER AVEC UN BERGERAC ROUGE POUR SA LÉGÈRETÉ.

Plus la cuisson des pâtes est courte, plus l'index glycémique du plat est bas et plus vous serez rassasié longtemps. Casanova suivait cette règle à la lettre. Le séducteur italien savait que, pour être en forme, mieux vaut manger des bons produits cuits « à la dent », c'est-à-dire croquants.

chaud-froid de figues

POUR **1** PERSONNE

3 figues
*1 cuillerée à café rase
de cannelle*
*3 cuillerées à café
de sucre roux*
*1 cuillerée à soupe
de samos (ou de porto)*
*1 boule de glace
à la vanille*
1 noix de beurre
1 feuille de menthe

Préparation et cuisson : *5 min*

Ouvrez les figues en croix. Faites-les revenir dans le beurre et le sucre à feu doux jusqu'à ce qu'elles soient caramélisées.

Versez le vin et la cannelle. Donnez un bouillon en grattant bien le fond de la poêle.

Servez tiède avec la boule de glace à la vanille et décorez avec la feuille de menthe fraîche.

La consommation de sucre est devenue régulière à partir du XVIIIe siècle ; les sirops étaient alors recommandés pour soulager certains troubles.

figues pochées de martine

POUR 6 PERSONNES

30 figues mûres
75 cl de samos
6 cuillerées à soupe
de sucre roux
1 bâton de cannelle
6 clous de girofle
1 noix de beurre

Préparation : *25 min* • **macération** : *24 h* • **cuisson** : *15 min*

La veille, lavez et essuyez les figues, piquez-les de quelques trous avec une aiguille et mettez-les à macérer 24 heures dans le vin avec la cannelle et les clous de girofle.

Le jour même, égouttez les figues dans une passoire pour éliminer les épices.

Faites fondre le beurre dans une poêle, mettez-y les figues à dorer de toutes parts avec le sucre. Rangez-les ensuite dans un plat de service.

Versez le vin de macération dans la poêle, faites réduire de moitié et versez sur les figues. Servez frais.

Le samos est un vin cuit qui ressemble au porto, lequel entre habituellement dans la confection de ce dessert. Ne vous privez pas de cette recette, c'est celle d'un cordon-bleu.

POUR **6** PERSONNES
24 figues bien mûres
1 citron
100 g de pignons de pin
6 cuillerées à soupe
de sucre roux
1 noix de beurre

gratin de figues aux pignons

Préparation : *5 min* • **cuisson** : *10 min*

Préchauffez le four à 180 °C (th. 6), en laissant une grille en haut.

Lavez et essuyez les figues. Incisez-les en croix et rangez-les dans un plat beurré. Glissez les pignons de pin à l'intérieur des fruits, arrosez avec le jus du citron et saupoudrez de sucre.

Mettez le plat au four et laissez cuire 10 minutes.

Si vous préférez utiliser le gril pour plus de rapidité, ne quittez pas la cuisine, les pignons brûleraient !

Servez aussitôt.

Les athlètes romains se nourrissaient déjà de figues sèches. Consommées avec du fromage et des noix, elles permettaient aux sportifs de soutenir leur effort durant l'entraînement.

tian de pommes à l'amande douce et du safran

POUR **6 PERSONNES**

5 pommes (reinette)
75 g de beurre fondu
100 g de sucre
5 œufs
1 citron
25 cl de lait
75 g de poudre d'amande
et 1 cuillerée à soupe
1 cuillerée à café de fécule
de pomme de terre
5 pincées de filaments de safran

Préparation : *15 min* • **cuisson** : *30 min*

Préchauffez le four à 200 °C (th. 6-7).

Beurrez un plat à clafoutis. Pressez le citron. Pelez et coupez les pommes en morceaux dans le plat. Saupoudrez de 1 cuillerée à soupe de poudre d'amande. Versez le jus du citron.

Battez les œufs avec le sucre quelques secondes. Ajoutez la fécule et le lait, remuez bien à la spatule. Versez la poudre d'amande et le beurre fondu, mélangez et versez sur les fruits. Parsemez de safran.

Mettez au four et laissez cuire 30 minutes. Laissez reposer dans le four éteint. Servez tiède.

Au Moyen Âge, les amandes entraient dans la confection d'un potage pour les jours maigres. Il fallait les peler et les broyer, les mettre à tremper dans de l'eau tiède, les faire bouillir avec de la poudre d'épices et du safran, puis répartir la soupe dans des écuelles individuelles sur une demi-sole frite.

6 pommes (clochard)
6 cuillerées à café
de sucre roux
12 noix
1/2 citron
1 noix de beurre

pommes caramélisées aux noix

Préparation : *10 min* • **cuisson** : *5 min*

Pelez, coupez les pommes en tranches fines, arrosez du jus du citron.
Cassez les noix, concassez grossièrement les cerneaux.
Beurrez un plat allant au four, rangez les noix au fond, posez les pommes
dessus en les reconstituant. Saupoudrez de sucre.
Glissez le plat 5 minutes sous le gril, en surveillant. Laissez reposer
5 minutes dans le four éteint le temps que les pommes tiédissent.

*À Rome, les noix, marinées dans du vinaigre, étaient prescrites aux malades
atteints de jaunisse. L'acidité les rend en effet plus digestes.*

pommes à la compotée de rhubarbe

POUR 6 PERSONNES

6 belles pommes rouges non traitées
1 kg de rhubarbe
20 g de beurre
6 cuillerées à soupe rase de sucre roux
6 pincées de cannelle
24 raisins secs
2 étoiles de badiane
6 cuillerées à café
de miel d'acacia

Préparation : *20 min* • **cuisson** : *35 min*

Préchauffez le four à 200 °C (th. 6-7).

Effilez, coupez en tronçons les tiges de rhubarbe, plongez-les 5 minutes dans de l'eau bouillante, égouttez.

Beurrez un joli plat allant au four, versez-y les morceaux de rhubarbe, glissez au milieu les étoiles de badiane. Saupoudrez de sucre.

Lavez les pommes. Découpez un chapeau au sommet de chacune d'elles, évidez le cœur. Mettez à la place 4 raisins secs, 1 pincée de cannelle, 1 cuillerée à café de miel et 1 noisette de beurre. Recouvrez avec les chapeaux. Calez les pommes dans la rhubarbe.

Mettez au four et laissez cuire 30 minutes. Laissez reposer 5 minutes dans le four éteint le temps que les pommes tiédissent.

Pour gagner du temps, vous pouvez utiliser de la rhubarbe surgelée, mais pensez à la décongeler dans une passoire et pressez les morceaux entre vos mains pour ôter l'excédent d'eau.

POUR **6** PERSONNES
6 belles poires (williams)
6 cuillerées à soupe rases de sucre
roux
I citron
I étoile de badiane
12 clous de girofle
I bâton de cannelle
I orange non traitée
50 cl de vin rouge tannique
2 cuillerées à soupe de gelée
de groseilles

poires tanniques

Préparation : *30 min* • **cuisson** : *20 min*
• **réfrigération** : *15 min*

Lavez l'orange, essuyez-la et prélevez l'écorce en un long ruban.

Pelez les poires en prenant soin de laisser les queues, citronnez et piquez chacune de 2 clous de girofle.

Rangez les poires debout dans une casserole avec le vin, le sucre, la cannelle, la badiane et l'écorce d'orange. Laissez cuire doucement de 15 à 20 minutes selon la grosseur des fruits.

Retirez délicatement les poires avec une écumoire (la queue ne doit pas se détacher).

Faites réduire le jus de cuisson 5 minutes à feu vif. Liez avec la gelée de groseilles. Nappez-en les poires. Décorez avec des zestes d'orange.

Mettez 15 minutes au frais.

C'est surtout le tanin qui donne au vin ses vertus préventives. Il est surtout présent dans le vin rouge. Plus un vin est tannique, plus il a de la « mâche », du corps.

gâteau de poires aux pistaches

POUR 6 PERSONNES
3 belles poires (doyenné-du-comice)
50 g de pistaches pelées
1/2 citron
200 g de farine
1 sachet de levure chimique
100 g de sucre
2 gros œufs
10 cl de lait
75 g de beurre
1 pincée de sel

Préparation : *15 min* • **cuisson** : *30 min*

Préchauffez le four à 175 °C (th. 5-6), en laissant une grille au milieu.

Beurrez un plat en porcelaine rectangulaire. Pelez les poires et coupez-les directement en dés au-dessus du plat, arrosez-les du jus du demi-citron. Parsemez de pistaches.

Dans une jatte, mélangez la farine et la levure. Ajoutez le sel, le sucre, le lait. Faites fondre le beurre sans le cuire, versez-le dans la pâte. Battez les œufs en omelette, ajoutez-les à la pâte en mélangeant bien pour que celle-ci fasse comme un ruban. Versez régulièrement sur les fruits, égalisez la surface, essuyez les bords du moule.

Mettez le plat au four et laissez cuire 30 minutes. Vérifiez la cuisson : la lame d'un couteau enfoncée au cœur du flan doit ressortir à peine sèche. Laissez refroidir et servez dans le plat de cuisson.

La doyenné-du-comice est une excellente poire d'automne et du début de l'hiver. Dès la fin janvier elle est moins bonne même si l'aspect extérieur reste inchangé. Si vous voulez confectionner ce dessert en été, mélangez pêches et abricots.

C'est d'autant plus délicieux que les pistaches donnent à ce gâteau un sympathique goût d'amande.

tarte du pomelos

200 g de farine
50 g de sucre
100 g de beurre
à température ambiante
1 jaune d'œuf
1 pincée de sel

POUR LA MERINGUE
4 blancs d'œufs
1 cuillerée à soupe de sucre roux
1 pincée de sel

POUR LA CRÈME
2 pomelos
3 jaunes d'œufs
à température ambiante
100 g de sucre
3 cuillerées à soupe rases
de Maïzena

Préparation : *25 min* • **cuisson** : *30 à 35 min*

Préchauffez le four à 200 °C (th. 6-7)

Mettez la farine, le beurre coupé en copeaux, le sucre, le sel et le jaune d'œuf dans un robot. Mixez jusqu'à l'obtention d'une pâte homogène.

Beurrez un moule à tarte de 30 cm de diamètre, étendez la pâte au rouleau, garnissez-en le moule, piquez le fond et les côtés avec une fourchette. Mettez au four et laissez cuire de 10 à 15 minutes. Vérifiez la cuisson.

Préparez la crème : versez le jus des pomelos et le sucre dans une terrine. Ajoutez la Maïzena, mélangez bien. Mettez sur feu doux, dans une casserole à fond épais, le temps que le mélange épaississe. Hors du feu, ajoutez les jaunes d'œufs un à un en mélangeant bien. Laissez tiédir.

Quelques minutes avant la fin de la cuisson de la pâte, battez les 4 blancs d'œufs en neige avec le sel. Versez la crème au pomelos sur la pâte cuite. Posez les blancs dessus en égalisant leur surface avec une fourchette. Parsemez de sucre roux et passez quelques secondes sous le gril, le temps de dorer la meringue.

Dans l'un de ses traités, Plutarque, moraliste grec, déconseille les desserts...
Mais une petite infraction à la règle reste sans conséquence !

baklava et granité au citron

POUR 12 PERSONNES

1 paquet de feuilles de philo
150 g de beurre
1 cuillerée à café de cannelle
150 g d'amandes hachées
150 g de pistaches hachées
150 g de noix concassées

POUR LE GRANITÉ

6 citrons
400 g de sucre

POUR LE SIROP

350 g de sucre
3 cuillerées à soupe de miel
1 cuillerée à soupe de jus de citron
1 cuillerée à soupe d'eau de fleur d'oranger

Préparation : 45 min • **congélation** : 12 h
• **cuisson** : 20 min la veille + 1 h le jour même

La veille, préparez le granité : dans une casserole à fond épais, versez 40 cl d'eau et le sucre. Portez doucement à ébullition, puis faites réduire ce sirop à feu vif, jusqu'à ce qu'il ait une consistance épaisse mais non caramélisée. Laissez refroidir. Pressez les citrons, mélangez leur jus au sirop froid.

Versez dans un bac à glaçons métallique et laissez 12 heures au congélateur.

Le jour même, préparez le sirop pour le baklava : dans une casserole à fond épais, versez tous les ingrédients prévus avec 40 cl d'eau. Portez doucement à ébullition, puis faites réduire jusqu'au stade du filet : un fil se forme quand on fait couler un peu de sirop avec une petite cuillère.

Laissez tiédir puis mettez au froid. Préchauffez le four à 140 °C (th. 4-5).

Préparez le baklava : faites fondre le beurre, puis versez-le dans un bol en éliminant la mousse blanche et les impuretés. Mélangez les fruits secs et la cannelle.

Beurrez la lèchefrite du four ou un plat de la grandeur des feuilles de philo.

Posez à plat 1 feuille de philo dans la lèchefrite, beurrez-la avec un pinceau. Superposez 5 feuilles en les beurrant au fur et à mesure. Étalez les fruits dessus. Recommencez à superposer les feuilles de philo en les beurrant. Beurrez également la dernière feuille.

Avec un couteau, faites des incisions en losanges en quadrillant la pâte, passez un doigt pour approfondir les incisions, sans aller jusqu'à la farce. Plongez votre main dans un peu d'eau et aspergez la pâte pour l'humecter. Mettez au four et laissez cuire 1 heure.

Lorsque le baklava est cuit et doré, sortez-le du four et arrosez-le avec le sirop froid pendant qu'il est encore chaud.

Au moment de servir, cassez le granité avec un couteau pour faire des paillettes. Répartissez-les dans des verres.

6 belles pêches jaunes
100 g de pistaches pelées
2 cuillerées à soupe
de samos (ou de porto)
2 cuillerées à soupe
de jus de citron
1 noix de beurre

pêches aux pistaches

Préparation : *10 min* • **cuisson** : *15 min*

Préchauffez le four à 180 °C (th. 6).

Pelez, coupez en deux et dénoyautez les pêches. Citronnez-les, garnissez leur cœur de pistaches et arrosez-les de samos.

Beurrez un plat, posez-y les fruits. Mettez au four et laissez cuire 15 minutes. Servez tiède.

D'après le docteur Patin, célèbre au début du XVIIe siècle, les fruits humectent et rafraîchissent mais nourrissent peu.

Il faudrait prendre en entrée les fruits juteux, en dessert ceux qui sont astringents. Les premiers ouvrent l'appétit, les seconds favorisent la digestion.

petits pains d'olive à l'anis et granité de pêche

POUR 8 PERSONNES
100 g de poudre d'amande
75 g de sucre
1 œuf et 1 jaune
125 g de farine
10 cl d'huile d'olive
1 petite cuillerée à café d'anis vert
1 noix de beurre
1 pincée de sel

POUR LE GRANITÉ
4 grosses pêches blanches
1 citron
175 g de sucre

Préparation : *30 min* • **congélation** : *12 h* • **cuisson** : *sans*

La veille, préparez le granité : faites fondre le sucre dans une casserole avec 15 cl d'eau. Laissez réduire de moitié. Le sirop doit épaissir sans caraméliser. Laissez refroidir.

Pelez les pêches, passez la chair au mixeur avec le jus du citron. Ajoutez le sirop froid. Mettez dans un bac à glaçons métallique et laissez 12 heures au congélateur.

Le jour même, préparez les petits pains : préchauffez le four à 200 °C (th. 6-7). Beurrez et farinez une plaque à pâtisserie. Mélangez le sucre, le sel et l'œuf entier. Ajoutez la farine, la poudre d'amande, l'huile d'olive et l'anis vert. Tournez avec une spatule en bois puis travaillez la pâte à la main. Formez une boule.

Avec une cuillère à café, prélevez des noix de pâte, roulez-les comme des cigares. Posez-les sur la plaque. Faites une légère incision au milieu et dorez avec le jaune d'œuf battu. Mettez au four et laissez cuire 8 minutes.

Décollez les petits pains au sortir du four. Servez froid avec des cristaux de granité.

La pêche est arrivée en Europe via la Perse. Le général romain Lucullus (Ier siècle avant J.-C.) n'est sans doute pas étranger à son introduction à Rome.

Yaourt Miellé aux Noix

POUR 2 PERSONNES

*1 yaourt au lait
de brebis de 200 g
4 noix
1 cuillerée à soupe
de miel*

Préparation : *5 min* • **cuisson** : *sans*

Versez le yaourt dans une jatte. Cassez les noix.

Au moment de servir, versez le miel sur le yaourt. Garnissez de noix.

En plein été, vous pouvez remplacer les noix par des fruits frais (abricots, fraises, raisin, etc.).

Pythagore de Samos est mort dans les années 490 avant l'ère chrétienne. Le célèbre mathématicien suivait un régime sobre à base de végétaux, laitages et miel. Selon lui, l'apprentissage de la musique, l'exercice de la gymnastique et la sobriété faisaient partie des principes philosophiques de la vie.

POUR **6** PERSONNES
4 œufs
100 g de sucre
1 yaourt de 125 g
huile de noix
1 citron
1 sachet de sucre vanillé
1 noix de beurre
farine
1 sachet de levure chimique
1 cuillerée à soupe
de pignons de pin

Préparation : *15 min* • **cuisson** : *40 min*

Préchauffez le four à 125 °C (th. 4).

Mélangez les œufs et le sucre. Quand le mélange blanchit, versez le yaourt et gardez le pot comme unité de mesure. Ajoutez ainsi 3/4 de pot d'huile de noix, mélangez bien.

Versez le jus du citron et le sucre vanillé.

Mesurez 1 pot et demi de farine, mélangez à la levure, ajoutez à la préparation. Quand le mélange est bien homogène, versez dans un moule à cake beurré.

Parsemez les pignons sur la pâte, mettez au four et laissez cuire 40 minutes.

Servez froid avec une compote.

C'est aussi simple que délicieux, surtout avec l'huile de noix qui se marie à merveille avec les pignons. Dans l'Antiquité, les pignons étaient considérés comme un médicament. Astringents, ils étaient prescrits pour purger la poitrine et les poumons.

riz d'Andred

POUR **8** PERSONNES

200 g de riz long
1 litre de lait
1 orange
100 g de sucre
100 g de raisins secs
1 cuillerée à café de pistaches pelées
2 cuillerées à soupe de Maïzena
quelques gouttes d'eau de fleur d'oranger
1 gousse de vanille
1 cuillerée à café de cannelle
1 noix de beurre
1 pincée de sel

Préparation : *15 min* • **cuisson** : *25 min*

Pressez l'orange, versez les raisins dans le jus obtenu.

Faites bouillir 2 litres d'eau. Versez le riz et laissez bouillonner 5 minutes. Égouttez dans une passoire.

Délayez la Maïzena dans 2 cuillerées à soupe de lait. Versez-la dans le lait froid. Remuez bien. Mettez le lait sur le feu avec le sel, le sucre, la gousse de vanille fendue en deux et l'eau de fleur d'oranger.

Dès l'ébullition, versez le riz égoutté, les raisins et laissez cuire à feu doux 15 minutes. Hors du feu, glissez la noix de beurre dans le riz et remuez.

Retirez la vanille. Mettez le riz dans 8 ramequins, saupoudrez de cannelle, mettez au centre quelques pistaches et laissez tiédir.

Le riz doit avoir un aspect velouté mais la préparation doit rester liquide. Elle se solidifiera en refroidissant.

Claude Galien intégrait les pistaches dans son régime « atténuant ».
Prescrit dans les cas de maladies chroniques, ce régime hypocalorique entraînait
des faiblesses. Riches en calories, les pistaches permettaient de compenser.

annexes

Fleurs de courgette farcies
Daurade royale et purée
d'aubergines
Tian de pommes à l'amande
douce et au safran

•

Gambas au concombre
Poulet au citron persillé
et pets
de patate
Tarte au pomelos

•

Pilaf de petits-gris
Langoustines
aux poivrons rouges
Pêches aux pistaches

•

Salade acidulée au haddock
Gigot d'agneau
à la confiture
d'aubergines
Petits pains d'olive à l'anis
et granité de pêche

menus
d'été

Aubergines
à la cuillère
Loup grillé au fenouil
Chaud-froid de figues

•

Mille-feuille d'aubergine
au crabe
Saumon en robe d'aubergine
et coulis de tomates
Pêches aux pistaches

•

Poisson mariné
Sardines farcies aux pignons
et tian d'épinards
Figues pochées de Martine

•

Salade de pourpier
aux jeunes fèves
Gigot d'agneau au jus d'épices
et aux poivrons
Baklava et granité
au citron

menus d'automne

Feta en aumônière de figue
Rougets aux herbes
et gratin d'aubergines
Pommes caramélisées
aux noix

•

Tomates tièdes au chèvre
Pintade en croûte de thym
et cake de polenta
Poires tanniques

•

Moules aux petits légumes
safranés
Cailles au chou
et aux baies de genièvre
Gratin de figues aux pignons

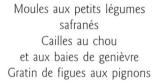

•

Keftedes
Paupiettes de lapin
au chèvre
et à la menthe
Yaourt miellé aux noix

Menus d'Hiver

Salade acidulée au haddock
Pigeons aux noix
et crêpes de pavot
Gâteau de poires
aux pistaches

•

Flans de morue
à l'effilochée d'endive
Porée marine
Cake à l'huile de noix
et aux pignons

•

Saint-Jacques
en compotée de tomate
Daurade en habit vert
et risotto d'épinards
Riz d'Andrea

•

Soupe de poisson
Poires tanniques

index alphabétique des recettes

index des recettes par produits

table des recettes

Adresses complices

Les Diamantaires (Spyros Moissakis)
60, rue Lafayette, 75009 Paris
Tél. 01 47 70 78 14

Le Sud (Claude Driguès)
91, boulevard Gouvion Saint-Cyr, 75017 Paris
Tél. 01 45 74 02 77

Hôtel Costes (Jean-Louis Costes)
239, rue Saint-Honoré, 75001 Paris
Tél. 01 42 44 50 25

Restaurant du Palais Royal (Bruno Hees) :
110, Galerie de Valois 75001 Paris
Tél. : 01 40 20 00 27

Crédits photos

Pierre Hussenot : pages 3, 4, 6, 31 Sucré/Salé, 33, 34, 36, 39, 42, 45, 47, 48, 53, 57, 58, 63, 67, 72, 77, 80, 83, 86, 89, 94, 99, 102, 106, 108, 113, 115, 118, 120, 121, 126, 123, 125, 130, 133, 135, 138, 143, 144, 147, 149.
Pierre Cabannes : pages 23 Ryman- Sucré/Salé, 41, 54, 61, 69, 79, 85, 91, 97, 105, 111, 117, 129, 141.
Philippe Asset/Hachette : pages 18, 20, 21, 22, 24, 25, 26, 27, 30, 66, 70, 71, 73, 92, 127, 131.
Pierre Ginet/Hachette : pages 20 (cassis, figue de Barbarie, fruit de la Passion, goyave) et 26, 87 (tomates).
G. Dagli-Orti : page 8, Héraklion, musée archéologique. Art minoen 1700-1600 av. J.-C.- Rython ou vase à libations en forme de tête de taureau (stéatite, cristal de roche) provenant de Knossos.
Hémisphères : pages 11 et 14 à gauche P. Frillet ; p. 13 h E. Slatter, b F. Guiziou.
Hoa-Qui : p. 10 à gauche C. Boisvieux, à droite B. Perousse ; p. 12 P. de Wilde ; p. 15 N. Thibaut ; p. 16 S. Grandadam.

remerciements

Dominique Laty remercie de tout cœur :

• Spyros Moissakis et son épouse Andrea qui ont cherché de vieilles recettes traditionnelles testées ensemble ;

• Claude Driguès, propriétaire et concepteur du restaurant « Le Sud », qui a été attentif à notre projet.

• Jean-Louis Costes qui a eu la gentillesse de nous donner la recette du Thon Costes et tian de courgettes ;

• Marie-Sophie Claux qui a vérifié les proportions des recettes.

Catherine Serbource-Madani remercie les magasins :

Habitat ; *Ikea* ; *Muji* ; et *Bernard Carant*, 41, bd des Batignolles 75008 Paris ;
Deux mille et une nuits, 13, rue des Francs-Bourgeois, 75003 Paris ;
CSAO, 1, rue Elzévir, 75003 Paris ;
Sandrine Ganem, 16, rue de l'Odéon, 75006 Paris ;
Home autour du monde, 8, rue des Francs-Bourgeois 75004 Paris ;
La chaise longue, 20, rue des Francs-Bourgeois, 75003 Paris ;
Le Bon Marché, 24 rue de Sèvres 75007 Paris ;
Potiron, 57, rue des Petits-Champs, 75001 Paris ;
Vogica Boutiques, 91, bd Raspail, 75006 Paris.

Cet ouvrage
est paru en première édition en 2000
chez Hachette Pratique
sous le titre
Bienfaits et délices du régime crétois

Impression en Italie par Rotolito Lombarda
Dépôt légal : mars 2005
ISBN : 2.01.235797-0
23.85.5797.8/0I